新舊聞

新舊聞

從皇帝離婚到妓院指南，從海賊王到男王后，讓人腦洞大開的奇妙連結

THERE IS NOTHING NEW UNDER THE SUN

政治焦點

國際脈動

社會萬象

文教論壇

人的問題只能靠人解決

逢甲大學通識教育中心主任　翟本瑞

大學，不僅是知識的堡壘，同時也回應社會的需求，參與解決時代的考驗。當前種種難題，產業轉型、少子化、所得分配不均……，衝擊各行各業，大學端也無法置身事外，甚至必須比其他領域更積極、審慎面對少子化掀起的海嘯。站在高教的最前線，我們不願、不能、也不該輕易哀嘆高教崩壞，專業的核心價值永遠不會因外在環境的改變而抹滅，我們應該進一步思考、重新再評估教學的各種可能：教誰？教什麼？如何教？

面對一群群在大量訊息餵養下成長的世代——對世界更好奇，也更沒有耐心，如何激起他們求知的興趣，一方面砥礪專業的深度，另一方面與社會接軌，開拓知識的廣度，正是所有教育現場努力的目標。

本校國語文教學中心主導、籌組中文教師社群，嘗試走出語文教學新的可能，從人文精神出發，以新聞、故事的形式為起手勢，採古今「新聞」對照的形式，深入時代脈絡，帶出歷史與文化的肌理，讓人瞭解所謂的「古人」，離我們也沒那麼遙遠：現代的人噴香水，古人則有他們的香道；現代有足球金童，以前也有踢球高手；現代的人談多元成家，古人早有他們的多元性別想像。更遑論當前社會將「國際化」喊得震天價響，殊不知早在鄭成功之前，臺灣就在廣大海洋的貿易中占有重要的位置。政治制度、國際關係、社會教育、生活娛樂，種種面向構成了所謂的生活，現代人關心的議題，前人也同樣在乎。古人的新聞是現代人的故事，現代人的新聞，也會是後人眼中的故事。讀以前的故事是一種樂趣，但是如何透過古今對比、相互詮釋，則是一種眼光、立場與態度，而這也正是本書另一番隱藏的用心。

在科技的領域，技術的進展日新月異，但是在人文社會的領域，卻需要長久的熏陶，才可能促進整個社會有些許的進步。訴諸實際的議題，國際交流下的邊緣與中心、社會上的毒與色、婚姻價值的認知、文化教育的理念……，這些切身的難題都無法靠科技一鍵清除，人的問題只能靠人解決，而這正是人文精神的價值所在。

逢甲大學不僅在校園內推動教學創新，更鼓勵教師走出校園。相較於許多冷硬的學科，人文領域的新聞舊聞，本來就是人群間的事，今則以此面向人群，在大時代中當無所懼。

眼前的星星是光年之外的事

一

太陽底下沒有新鮮事。

但世間的種種太多太瑣碎，恩怨利害糾纏得太複雜，於是某些重要的事件被遮掩了，在時間的洪流中被愈推愈遠，愈遠愈顯得渺小平淡，如同數百數千光年外星球的誕生或毀滅，傳到地球的夜空也只是微微一閃，訴說百千萬年前生滅的大事。

然而那些都不重要了嗎？那些遙遠得彷彿無關的爆炸，五官難以感知的波動，會不會已經暗地影響了萬物運行的軌跡？如果蝴蝶輕拍翅膀，都會影響地球另一面的氣候，又怎麼能說那些已然消逝、抑或未曾親眼得見的種種與我無關！

人文學科所做的，正是探索發生在時間洪流的那些事，和憑藉最新科技的望遠鏡探測宇宙、揣想遙遠時空之外發生的大爆炸，有著近似的浪漫、同等的好奇。面對同樣難測的黑暗——人性的幽微——從片片斷斷卻又無窮無盡的資料中爬梳線索，時有所得：原來這些事，以前也發生過啊！不同的時空環境，相似的運作規律，太陽底下沒有新鮮事，只因為我們都忘了，忘了記取歷史的教訓，回頭來看，那些過往的一切，隔得遠遠的，反而看起來很新鮮、新奇、乃至於大驚小怪。

如果試著把古今類似的事件勾聯對比，拉出時間的縱深，讓內在的規律浮出水面，我們是不是就能對世界、對人性，多瞭解一些？

二

本書以古今事件的勾聯為基礎，同類相聚，今之所有，昔亦可見。今昔之間，十年百年千年，在不同的時空環境、社會背景、政治制度底下，反覆發生的事，或許就是人性的必然。

既以古今真實事件相互對照，全書遂仿擬媒體新聞形式，分成政治焦點、國際脈動、社會萬象、文教論壇、體壇動態、生活風格等角度來觀照。

開頭就先談政治，因為政治是眾人之事。在位者也就那麼幾人而已，他們有公眾的面向，當然也有私人的一面，所以「政治焦點」不談政策，而是談談政治人物私底下是什麼樣子。深居九重的帝王，日子是否真的過得比較快樂，怕也是未必：千年前漢室宮廷鬥爭，權傾一時、能廢立皇帝的權臣以婚姻當手段，要將女兒嫁入帝王家，策劃了毒殺皇后的計謀；千年之後，末代皇帝卻成為中國歷史上惟一一位簽訂離婚協議書的皇帝——真愛難尋，就算後宮佳麗成群，家，該是什麼樣子？有「東寧才子」之稱的丘逢甲科舉不第，懷疑是早夭的霧峰林家未婚妻作祟所致，於是舉行冥婚——婚姻的價值究竟是什麼呢？

再把目光投向遠方，「國際脈動」則告訴我們，原來遠方的事也可能是身邊的事。日本─臺灣─東南亞的海運、中國─中亞的陸路，現代的海陸交通路線，從百千年前就開始發展，為了軍事、為了貿易，權與錢，驅動了人口的遷移。臺灣是陸路的邊陲，面向大海，轉身就站在風頭浪尖上，早在國姓爺之前，臺灣就隨著大航海時代來臨，進入國際博弈的大局，中國、日本與臺灣糾纏複雜，難以理清。而這些交通往來的痕跡，最後沉澱在文化的肌理中，就像灰姑娘的故事老早以前就傳到中土，有了新的名字，幾乎埋沒了原先的來歷。至於在中國已難尋覓的契丹一族，中亞一帶卻視為中國的代稱。空間的距離，加上時間的落差，讓國際脈動充滿了文化的轉譯。

如是種種，不論權與錢，都屬於人性的內在驅力，在社會上看得更明顯。「社會萬象」雖稱萬象，內裡都是欲望，毒與色，於今於古，都是社會上棘手的難題。自鴉片傳入中土，流害數百年，臺灣也曾是鴉片鬼島，在此之際，竟然有人高呼「鴉片有益」，這人是連橫，《臺灣通史》的作者。然而還有比毒品更精緻的癮頭——美色。當今有選美比賽，以前有花榜排名，比起今日選美的禮服評比、泳裝展示、機智問答，花榜的產生更露骨，專為酒店小姐評分；也更含蓄，琴棋書畫都是考題。看官與嫖客，好色與好淫，原來古今如一。而就算在寺院裡，也躲不開欲望的驅使，前人就寫了不少寺廟藏汙納垢的故事，宗教亂象同樣是古今如一。然而，如果欲望當中還帶著愛，那又是另一回事了。對於現今討論得風風火火的同志婚姻，前人或許比現今更開放，顯然當代人所自詡的進步，只限於科技層面，至於對人性的包容嘛，可也未必。

文化與教育是百年大業，但是要教什麼，卻是個難題。「文教論壇」不僅是一地文化的展現而已，更多時候，更是一種戰場，論戰不休。現今討論校園制服存廢，前人當然也曾思考服飾除了蔽體保暖、形塑美感之外，是否還有其他社會意義？當外國的審美影響了原有的衣著傳統，傳統觀念該如何在文化交流間折衝，在歷代、各地都是考驗。同樣道理，任何時代都有他們的「新住民之子」，學校教授所謂標準音時，又該如何考量時空人物激盪下的各種語音字詞的轉變？更重要的是，教育也者不僅授業，也當傳道，這「道」，當然包括了家庭人倫的價值與意義，只是課堂上雖然一再宣揚父父子子的倫理責任，社會顯貴的作為卻衝擊倫理教育的認知，又該如何應對？

審視「體育」在教育體系中所占的位置，也是有趣的觀察點。古代的貴族教育，將射、御列為六藝之一，現今看來十分雅貴的射箭騎馬，曾經是「士」教育的必修課。然而對一般人來說，體育／運動成為正式課程、正經行業，甚至是國力表現，是非常近代的事。在現代，體育／運動不僅是教育的一環而已，也是獨立的產業，背後代表的是觀眾市場的擴大、人才管道的建立，還涉及工作型態改變和媒體推波助瀾所帶來的休閒觀念的生根。然而在此同時也不可否認賭與鬥的魅影猶存！古人的扛鼎、驅馬怕是在玩命，當代舉重、賽馬則是專業的技術，這麼一轉向，讓善於運動者得以大展身手，生命可以多元發揮，「體壇動態」值得我們好好關注。

而各種休閒娛樂，最終都匯集成整體社會的「生活風格」，成為時代的標誌、時尚與流行，不同時代有他們各自的新鮮感。在當代，美食是享受，也是知識，懂吃，成了不起的專家，然而真正的專家，不僅能懂口腹的享樂，還能進一步潛入料理的背景文化。

今人接觸異國料理很是平常，在古人又是什麼反應？看看韓愈的詩作，遙想他看到田雞上菜時目瞪口呆的樣子。而一旦將口腹感官的欲望，提升到對美的追求，就成為精緻的生活態度。你我捫心自問，當代高呼文化產業之際，究竟是著重文化還是產業？如果是產業思維，終究難免在生產線大量製造；如果是以文化為根柢，那麼就要回到生活，回到生命對美的需求，即使面對的只是廁所——廁所可以美而潔淨到什麼程度？

從帝王家的隱私，到平民百姓的日常，生活，本來就是不同階級、不同時代、不同地區的文化交流交織角力的結果，在迎合與拒斥之間，體現文化的價值取向與人性的抉擇取捨。在事件的當下，我們稱之為新聞，但是如果往歷史的縱深再進一步，有了距離，看待事件多了迴旋的空間，就會發現某些日常生活中再平常不過的環節，也許是異地匯流的結果、也可能是歷史演進的沉積，立體而多面。站在匯流的沉積處，我們往下發掘，遂呼之為「新舊聞」，挑取從皇帝離婚到妓院指南，從海賊王到男王后，讓人們為之驚奇、為之詫異的數十則事件，集結成冊。

三

太陽底下沒有新鮮事，但我們可以努力把事情變得更好。

本書之裁成，導源於逢甲大學余美玲老師號召國語文教學中心、中文系之青壯專兼任教師加強交流，延伸教學觸角，相互啟迪，遂以「玩出趣」為名，各依專業，各言爾志，寫作人文學科的普及性文章。

後由徐培晃接棒討論集結成冊的可能，於是進一步考量形式、題材，並歸諸核心的大哉問：人文學科如何對應當代？漸漸眾人形成共識，認為在舉世皆倡言實用之際，將人文的專業轉換為始於樂趣而終於智慧的分享，或許也是一種路徑。

過程當中，顏可瑜助教、談佳琪同學包辦了諸如報帳、收稿等細細碎碎又極其重要的瑣事，是不可或缺的左右手。方寸文創顏少鵬總編沿途參與討論，提供許多出版面向的專業建議，在出版消費市場萎縮之際仍願意在人文學科投入心力，為與不為的選擇間便嶄露了其價值取向。

如果說站在事件的當口，每一次的選擇都是新的可能，太陽下都是新鮮事。而這本書，也正是我們這群投入人文領域的人一次堂皇的選擇。

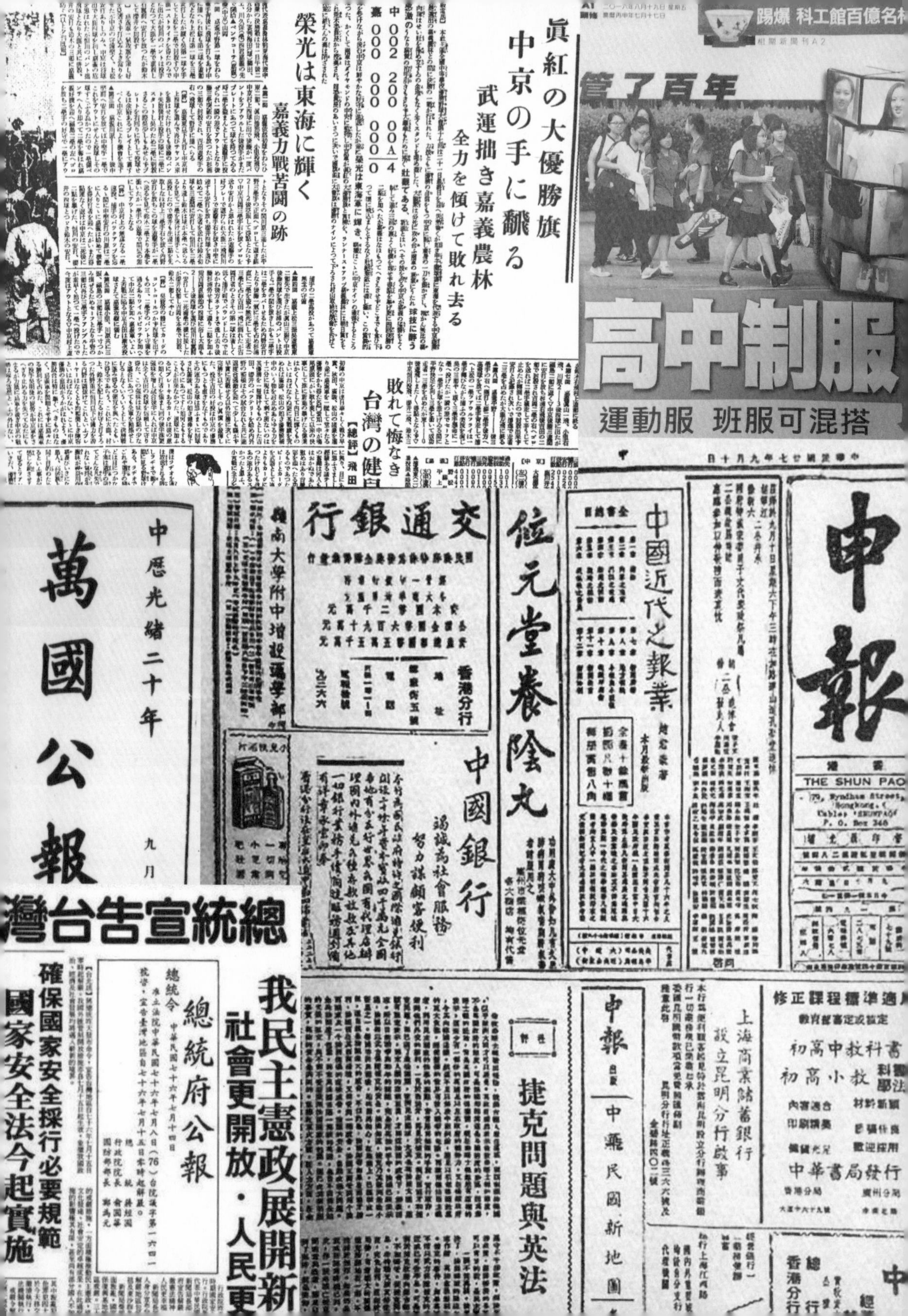

眞紅の大優勝旗
中京の手に飜る
武運拙き嘉義農林
全力を傾けて敗れ去る
榮光は東海に輝く
嘉義力戰苦闘の跡
敗れて悔なき
管了百年
高中制服
運動服 班服可混搭
中報
THE SHUN PAO
萬國公報
中歷光緒二十年
九月
交通銀行
香港分行
嶺南大學附中增設職學部
位元堂養陰丸
中國近代之報業
中國銀行
竭誠為社會服務
努力謀顧客便利
總統宣告台灣
總統府公報
總統令
我民主憲政展開新
社會更開放·人民更
確保國家安全採行必要規範
國家安全法今起實施
捷克問題與英法
中報
中華民國新地圖
上海商業儲蓄銀行
設立昆明分行啟事
中華書局發行

自由時報
北市都會生活 AA4
年11月10日／星期三
嶺街書香市集 兜售獨書精神
匯聚卅一家獨立出版社
書香創意市集 週六登場
獨立刊物假文青 新銳創作不設限
不刻意定位為文藝青年
處理委會昨開會
擴大組織廣納民意
要求解散警察大隊
人決不追究
區今解除戒嚴
我國解除戒嚴措施
美認係傑出政治演進
港商來台投資劇增
對紡品鞋類設限法案
美衆院委會審查通過
久米島那覇間でSOS
乘客と乘務員氏名
八時十五分に機關故障
遞信部航空課からの發表
揚子江上輸送動
擬裝砲陣地から
船團後方に盲射
筑波號現場

新舊聞

政治焦點

|政治焦點|

皇帝也有離婚協議書

窺探帝王家的婚姻實況

溥儀自云：「我不懂什麼叫愛情，在別人是平等的夫妻，
在我，夫妻關係就是主奴關係，妻妾都是君主的奴才和工具。」

【當代新聞】

蔣經國婚外情曝光

臺北市立委蔣萬安，是目前惟一從政的蔣家第四代，原名章萬安，其父蔣孝嚴（原名章孝嚴）是蔣經國婚外情所生。蔣孝嚴一直從母姓章，直到二〇〇五年才正式認祖歸宗，改姓蔣，章萬安隨之改姓。

蔣萬安接受訪問時表示，他國中到臺北市立圖書館找資料，看到《蔣經國與章亞若》一書，發現書上寫的就是自己父親的故事，那時才更確定自己的蔣家血緣。

蔣經國生前為中華民國第六、七任總統，有五兒一女，仍在世者剩下蔣孝嚴與女兒蔣孝章。

蔣經國早年曾往蘇聯留學，進入莫斯科中山大學就讀，在機械廠工作期間，認識俄羅斯女子法伊娜·伊帕奇耶夫娜·瓦赫列娃（後改名為蔣方良），兩人結婚。

蔣經國偕妻兒返回中國後，又認識章若亞。章若亞時任蔣經國下屬，兩人發展出婚外情，並在一九四二年產下雙胞胎，依族譜取名孝嚴、孝慈，詎料不久即猝死，年僅二十九歲，死因眾說紛紜。

一向深居簡出的蔣方良，對丈夫的外遇是否知情，又如何看待認祖歸宗一事，我們不得而知，死後總統府的褒揚令稱其「鋒芒盡藏，弗涉政治」。

皇帝的三宮六院

婚姻關係屬於私領域，但一旦跨入政壇是否就不再是私領域，這問題問末代皇帝溥儀，他一定別有一番感受。溥儀不僅是中國最後一個皇帝，也是中國第一個離婚的皇帝，而且是「被」訴請離婚，雖然他曾試圖挽留對方，但留也留不住，只能在離婚後於報紙刊登「宣統皇帝」的「上諭」：

諭淑妃文繡擅離行園，顯違祖制，應撤去原封位號，廢為庶人。欽此。宣統二十三年九月十三日。

——但末代皇帝在宣統三年（一九一二年）就退位了。

《後漢書》引述《周禮》，說皇室后妃「編制」為：一后、三夫人、九嬪、二十七世婦、八十一御妻，凡一百二十一人。這麼大的陣仗，每個人還是得分點事做，才能表彰體制的完整、必然，所以表定各有其職：

后一人，正位宮闈，同體天王。
夫人三人，坐論婦禮。
嬪九人，掌教四德。
世婦二十七人，主喪、祭、賓客。
女御八十一人，序於王之燕寢。

彷彿少了這些嬪妃助陣，帝王不僅生活裡會寢食難安，儀節上會混亂無依，國宴時會進退失據，甚至還會影響全國的婦德、婦禮——但究竟什麼是家庭價值呢？從《周禮》的編制來看，就是夫妻同體，還包括禮節、道德、應酬、睡覺這些事。

這麼浩浩蕩蕩的陣仗、理所當然的員額，夫妻就像是一起工作，工作有需求，所以需

溥儀曾自言：「我在歷史上扮演了一個史無前例的大丑角——終身為待決的囚徒！表面上，我曾經輝煌過，一度似乎幸運過，其實我是自有人類以來，最倒楣的人。」

要這麼多人手。至於什麼是家庭生活呢？或許對某些人來講，家庭就是工作，像溥儀。

溥儀身為末代皇帝，在一九〇八年登基為帝，年號宣統，當時不過是三歲娃兒，還不斷在登基典禮上哭喊著要回家！到了一九一二年清皇室退位，溥儀仍然是小孩子，用他自己的話來講，就是「糊裡糊塗地做了三年皇帝，又糊裡糊塗地退了位」。

雖然是糊裡糊塗登基又退位，但終究是坐過龍椅。經由袁世凱等人伺機斡旋，清廷與民國政府簽訂《清室優待條件》，協議大清皇帝辭位之後，尊號不廢，暫居宮禁，民國政府還要提供每年四百萬兩花費、續建光緒皇帝陵寢、代守宗廟等等優惠。其他日常生活的部分，例如宮內工作人員可照常留用，惟一限制就是以後不得再招募宦官，「原有之私產，由中華民國特別保護。」

換句話說，宣統三年，清廷已經退位了，但是帝稱、年號不廢，依然可以自稱宣統四、五、六、七年這麼一直喚下去。再說「暫居宮禁」，究竟是在紫禁城內暫居多久也沒明講，反正退位後還是這麼住著。至於民國政府議定的每年四百萬兩，究竟是多少呢？溥儀的奶媽，每個月的薪水是二兩，四百萬兩可以養多少人？不過民國政府的財政實在窘迫，沒給足的時候比較多，讓溥儀常拿著民國政府賴帳這件事說嘴。還有還有，什麼是「原有之私產」？這也說得模糊，宮廷內鎖在櫃子裡貼上封條的那些書畫器物，像《清明上河圖》等級的神品至寶，究屬國民共有的國寶，還是清室財產？這些事一時也沒說清，恐怕當時也沒想說清，轉用溥儀的話來講，雖然是糊裡糊塗地退了位，但日子還是糊裡糊塗地繼續過下去。

其實日子還過得不錯——對一般人來說。

紙紮的小朝廷

清廷雖然退位了，但清室仍在宮廷裡，人員依舊，似乎沒有什麼改變。紫禁城成了獨立的小天地，外頭是民國政府，裡頭是帝王之家。不僅屋裡的排場大，有時排場還溢到紫禁城外頭。

帝王之家的食衣住行都是學問，明明沒幾口人，算算就皇帝、太后、太妃總共六人（親生父母反而住在外頭的王爺府），但打理這六口人家生活的工作人員，在宣統元年時，多達一千零二十三人，還不包括禁衛軍、太監、喇嘛。

這麼龐大的工作團隊，到底是做些什麼事呢？煮飯的專門煮飯、做衣服的天天做衣服，專業化到了極致。溥儀曾記下了宣統四年三月某日的早餐：三鮮鴨子、羊肉燉菠菜豆腐、櫻桃肉山藥、羊肉片川小蘿蔔、鴨條溜海參……林林總總有二十七道菜，就一人份的早餐而已——但皇帝都不吃！因為太后、太妃們有各自的廚房，會另外送菜給皇帝，湊起來也是二十幾道菜。所以皇帝膳房所精心烹調的菜餚，也就擺在一旁做做樣子而已，行禮如儀，每天都是如此。別忘了，這是宣統四年的早餐，清帝已經遜位了。

溥儀後來統計，他一家六口一個月要用掉三千九百六十斤肉、三百八十八隻雞鴨。其中八百一十斤肉、二百四十隻雞鴨，都是供給五歲的自己。這還只是吃而已，如果他要去哪裡溜達溜達，哪怕只是在宮廷裡的御花園玩耍，也是浩浩蕩蕩好幾十人跟著，有人撐傘、有人拿熱水壺、有人捧著衣服備用，其他像點心、飲料，乃至於大小便器，都有人專職負責，還備了各類藥品，像是菊花水、竹葉水、六合定中丸、藿香正氣丸，簡直是行動中藥舖。

相對於宮廷內的行禮如儀，民國何有於我哉？這麼大的陣仗有時也會擺到宮牆之外，若是出宮門到頤和園參觀，就要請民國政府的警察沿途戒備，出一趟門要花幾千大洋。

但也不可否認，在很多時候，是宮牆外的人千方百計求見聖上，簇擁著小朝廷。民國二年元旦，民國政府派人前往賀歲，雙方採國與國的會見之禮；隔沒幾個月，隆裕太后生日，袁世凱（時任總統）派國務卿率全體國務人員前來行禮；七天後太后去世，袁世凱親自在衣袖上纏綁黑紗，通令全國降半旗一天，文武官員服喪二十七日。一時之間，清廷的袍掛、民國的禮服並肩進出，小朝廷的王公大臣們又開始穿戴起蟒袍補褂、紅頂花翎在大街上行走，甚至連頂馬開路、從騎簇擁的陣仗也恢復了。

這樣的排場或許會讓人有今夕何夕的喟嘆，都民國了，怎麼還有這麼多遺老遺少？但是在當時的時空環境，誰曉得清廷不會再起呢？尤其民國之初，各方勢力彼此合縱連橫，有人打量著清室的剩餘價值，有人是真的在推動復辟，軍系之間相互傾軋，百姓生活也未必比清朝時好，人心思不思舊？至少有部分人不斷在鼓吹人心思舊，雖然各自的用意不明。

別說當時溥儀仍住在紫禁城裡，即使後來被逼著搬出宮闈、取消帝號、遷居天津，失勢歸失勢，但溥儀自言在天津期間，「吳佩孚曾上書向我稱臣，張作霖向我磕過頭，段祺瑞主動地請我和他見過面。」這小朝廷雖然是紙紮的，予奪由人，但很多時候還是被供在那兒，靈威猶存。

看照片挑老婆

溥儀雖然在宣統三年就遜位了，但始終是

帶著皇帝的榮銜，在別人的前呼後擁中長大，他曾經三次登基：第一次是當了清宣統帝、第二次是張勳復辟、第三次是由日本人扶植滿州國。雖然三次帝位都是別人給的，沒多久就被趕下來，但是在當時——至少在溥儀跟前——誰會說他不是皇帝？長大了的遜位皇帝，究竟怎麼看待自己呢？

這些問題，連帶影響了溥儀的婚姻關係。在他眼中，結婚代表自己成年了，成年就該親政——該死的革命黨，要不是這幫子，朕便要親政了！如果問溥儀什麼是婚姻的價值，「親政」就是婚姻的意義、追求的目標。

皇帝的婚禮可是大事，溥儀剛過十五歲時，太妃（當時太后已過世）和諸位王公大臣就不斷商議婚事。

在同治、光緒的時代，皇帝娶老婆是把事先遴選過的幾位姑娘，「挑」到皇帝跟前，由聖上欽選。但到了溥儀的時候，大臣們歷經了兩年多不斷討論，認為把黃花閨女擺在一排挑來挑去實在不妥，所以改用照片選妻。溥儀曾回憶：

> 照片送到了養心殿，一共四張。在我看來，四個人都是一個模樣，身段都像紙糊的桶子。每張照片的臉部都很小，實在分不出醜俊來，如果一定要比較，只能比一比旗袍的花色，誰的特別些。

挑老婆竟然成了挑衣服，這也算是一絕了，但更絕的還在後頭。溥儀在文繡的照片上畫了圈，送到太妃們那兒，順了敬懿太妃的意，卻讓端康太妃不滿了，批評文繡長得不好、家境又差，極力鼓吹皇帝重挑她推薦的婉容。新郎倌倒是沒什麼意見，「心裡想你們何不早說，好在用鉛筆畫圈不費什麼事，於是我又在婉容的相片上畫了一下。」

但這下子另一位太妃又炸開了。協商的結果，認為聖上既然已經圈選過文繡，文繡就不能再嫁給臣民，乾脆兩個都娶，一后一妃，兩全其美。

娶老婆可以娶到隨機挑選、任意更換、最後買一送一，王公大臣抬出「皇帝必須有后有妃」的大道理，聖上也從善如流，不曉得這樣算不算皆大歡喜、符合傳統家庭價值？溥儀坦承，他對結婚這件事不太在意，「如果說我對這件事還有點個人興趣的話，那是因為結婚是個成人的標誌，經過這道手續，別人就不能把我像個孩子似的管束了。」

對這位遜帝來說，隨著年紀漸長，他知道自己既是皇帝，又不是皇帝，結婚的意義不具有家庭價值，而是一再提醒自己：

> 如果不是革命，我就開始親政了……我要恢復我的祖業。

風風光光結婚，轟轟烈烈離婚

雖然溥儀對結婚沒多大興趣，但大婚還是辦得熱熱鬧鬧。民國政府撥了兩萬元的預算作為賀禮（私人的「進貢」另當別論），還派出軍警憲充任衛兵。典禮上，民國政府的總統府武官不僅鞠躬祝賀，還當眾表示：「剛才那是代表民國的，現在奴才自己給皇上行禮。」然後噗通一聲就跪在地上磕頭。一時之間，清廷的儀仗隊伍又在北京大街上風光搖擺，除了民國政府的軍樂隊、馬隊，還有龍鳳旗傘、鑾駕儀仗，浩浩蕩蕩。

但溥儀後來形容自己的新婚之夜：

> 進入這間一片暗紅的屋子裡，我覺得很憋氣。……我感到很不自在，坐也不是，站也不是。我覺得還是養心殿好，便開開門，回來了。

【溥儀與婉容】

在后妃之爭中，皇后婉容大獲全勝，但最終的結局卻令人唏噓。溥儀與婉容未有子嗣，溥儀自陳：「她把文繡擠走之後，我對她便有了反感，很少和她說話，也不大留心她的事情，所以也沒有從她嘴裡聽說過她自己的心情、苦悶和願望。只知道後來她染上了吸毒（鴉片）的嗜好，有了我所不能容忍的行為。」

所謂「不能容忍的行為」，後經解密，指的是婉容與溥儀的近侍私通，懷有身孕，並產下一女。後來這名女嬰不知所蹤，婉容也因此被打入冷宮。毒癮日盛的婉容，屢經打擊，之後精神失常。

被孤零零地扔在坤寧宮的婉容是什麼心情？那個不滿十四歲的文繡在想些什麼？我連想也沒有想到這些。

繼挑老婆選一送一後，皇帝老爺再創一絕，對兩個人都沒興致，新郎倌回自己房間睡覺，也不管兩個新娘在新房裡怎麼辦。

文繡離婚後曾任教職等工作。離婚協議書上雖然明訂須「獨身」，然文繡後與民國政府軍官再婚。

傳聞上古聖王堯帝在傳位之前，把兩個女兒同時嫁給舜，認為女婿對內要能齊家，擺平屋裡兩位太座，對外才能平天下。舜最終不負老丈人的苦心，厝內厝外都治得服服貼貼，紹繼聖王帝業。按這個觀點來看，安撫兩位太座的難度可比安天下，只有聖王等級的男人才做得到。

溥儀顯然不是聖王。

雖然后妃之間有地位之分，但核心還是二女爭一男，兩人都希望自己得到更多青睞，但顯然溥儀對皇后婉容比較疼愛，時常冷落文繡。后妃當然也會較勁，文繡要爭寵，婉容要專寵，所以凡是皇后買了什麼，妃子也要什麼；妃子有了，皇后就要更多，以顯地位高了一截，而這又讓妃子嘀咕著要跟進。

即使皇后婉容是明顯的贏家，但她還是放心不下，三不五時求神扶乩、降下乩辭：「萬歲與榮氏（指皇后婉容）真心之好並無二意，不可多疑……榮氏聽我先師話，吾保護爾的身體，萬歲與端氏（指妃子文繡）並無真心真意，榮氏你自管放心好了。」

獲勝者尚且提心吊膽、求神問卜，落敗者當然日子更難過了。在婉容眼中，后妃有別，然而對落敗的文繡來說，都民國了，哪來什麼后妃？溥儀不是皇帝，而是我文繡的先生，既然是夫妻，我當然有權主張履行夫妻責任。溥儀就指出這兩位妻子的差異：

> 在文繡的思想裡，有一個比封建的身分和禮教更被看重的東西，這就是要求有一個普通人的家庭生活。而婉容，卻看重了自己的「皇后」身分，所以寧願做個掛名的妻子，也不肯丟掉這塊招牌。

追求家庭生活的文繡，後來使出了震驚一時的殺手鐧：訴請離婚。

呈送天津地方法院的離婚訴訟狀上，文繡歷歷訴苦：「九年來不與同居」、「雖係遜帝，而頤指氣使、惟我獨尊之概，仍未稍減於昔日。」

這下子可讓皇室炸開了。

帝妃訴請離婚，這下子傳統家庭價值豈不蕩然無存？遺老遺少、王公大臣痛批不說，文繡的遠房親戚更跳出來在報上公開指責：「遜帝對汝並無虐待之事，即果然虐待，在汝亦應耐死忍受，以報清室之恩。」

文繡也不是省油的燈，公開回信：現在是民國喔！「遜帝來津，做民國國民一分子，妹又豈敢不隨？既為民國國民，自應遵守民國法律。」而且一再強調「妹因九年獨居，未受過平等待遇」。

結婚九年，苦主卻自陳過著獨居的生活，這是什麼樣的狀況，文繡點到為止；但報紙則是明講：「迄今九年，獨處一室，未蒙一

【文繡與溥儀離婚協議書】

文繡與清皇室主人脫離關係一案，茲經雙方律師調解，議定條件如左：

一、文繡自立此約之日起，即與清皇室主人脫離關係。

二、清皇室主人於本件簽字之日，給文繡一次終身生活費五萬五千元（付款另有收據）。

三、文繡於本件簽字之日即將所有隨身常用物件（另有清單）全部帶走（付物時另有收據）。

四、履行二、三兩條件之後，文繡即歸北平大翔鳳胡同母家，獨身念書安度，絕不再向清皇室主人有任何要求。

五、脫離之後，文繡不得有損害名譽之事，雙方亦不得有互相損害名譽之事。

六、文繡將天津地方法院調解處之聲請撤回，此後雙方均不得發生任何訴訟。

七、本件自簽字之日生效，共繕四份，雙方及雙方律師各執一份。

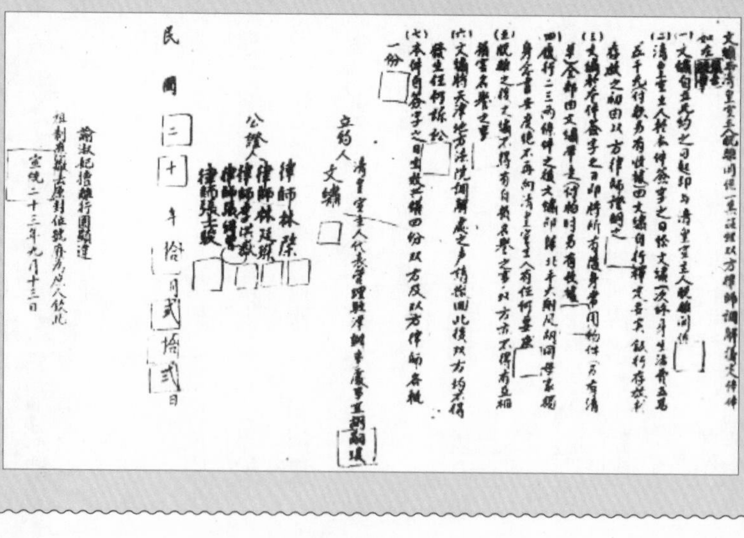
立約人 文繡
公證人 律師林棨
民國二十年拾月貳拾貳日
宣統二十三年九月十三日

次同居。」直指閨房床笫。

這要皇帝的臉皮往哪兒擺？

文繡開出條件，要嘛離婚，要嘛答應她以下條件：一、另住須聽其自擇地點。二、給予贍養費五十萬元。三、此後個人行動自由，或進學堂，或遊歷國外，均不得干涉。四、行園內上用隨侍小孩一律逐去，每星期駕幸其宅一、二次，不得攜男僕。五、不得損其個人名譽。

對溥儀來說，最重要的是：不上法院。清朝的皇帝到民國的法院打離婚官司，這成何體統？怎樣都要私了。為此甚至還有親近清室的報紙表示，應該在法庭上檢驗文繡是否為處女，以此來判斷夫妻是否有同居之實。

最後的結果，就是在贍養費的討價還價中，不上法院，協議離婚。但基於清室的顏面，還明訂離婚後文繡要「獨身念書安度」，言下之意，就是禁止再婚的意思；並且買下北平、天津幾家報紙的頭版廣告欄，刊登上諭：諭淑妃文繡擅離行園，顯違祖制，應撤去原封位號，廢為庶人。欽此。

事後溥儀回憶這段婚姻，直陳：

> 我不懂什麼叫愛情，在別人是平等的夫婦，在我，夫婦關係就是主奴關係，妻妾都是君王的奴才和工具。

由此可見，如果要談家庭傳統的價值，我們恐怕還得事先界定：是誰的家庭？什麼樣的價值？

撰稿人：徐培晃

| 政治焦點 |

比《後宮甄嬛傳》還血腥

揭發漢代的食安風暴

在煎煮附子的時候，千萬不要離開或交託給別人，
否則你會連自己是怎麼死的都搞不清楚。

王傑遭下毒毀嗓狂掉髮
早知凶手嘆「毀一生」

二〇一七年中娛樂圈議論紛紛，歌手王傑爆料他當紅時被人在酒中下毒，毀了嗓子無法繼續歌唱，一生的事業付諸東流。下毒事件無獨有偶，新竹某中學也曾發生營養午餐遭下毒，導致多名學生出現噁心嘔吐、手麻腳麻等症狀，集體就醫。

這些下毒事件的動機可能是忌妒對方的才華，可能是惡作劇，也可能是人與人間的相處有嫌隙所致，故而做出下毒行為，發生了這些慘劇。但不只是現代人會下毒，古代人下的毒更是凶猛而恐怖。

漢代宣帝皇后中毒一案，就是歷史上知名的毒害事件。

偉大皇帝的一步之差

漢宣帝的出身背景特殊。他是巫蠱之禍悲劇主角衛太子劉據（其母為衛子夫，歷史上稱其為衛太子）的孫子。

漢武帝晚年發生巫蠱之禍，是他執政史上的一大事件。當時漢武帝的寵臣江充，因與太子劉據及皇后衛子夫有嫌隙，挾怨報復，利用漢武帝年老體衰、久病不癒的情況，製造了巫蠱事件誣陷太子。武帝受讒後大怒，認定太子下巫蠱詛咒他，下令逮捕太子。太子被逼起兵，最後兵敗自殺，衛子夫也因此自縊。衛氏一族（衛子夫、衛青等族人）更在這場變亂中幾乎被剷除殆盡。

巫蠱之禍牽連甚廣，被捕之人為了減輕罪名，彼此胡亂攀咬，官吏之間也相互參奏，以示自己清白，整個西漢王朝一時之間人人自危。這一事件前後株連死了大約十萬人，對漢武帝時期的政治、經濟和社會發展影響巨大，導致西漢很長時間發展停滯不前，整個國家付出極為慘痛的代價。

而衛太子劉據的親族，也幾乎在這一場事件中盡數被害。

宣帝劉病已當時才剛出生數月，因年紀小而逃過一劫。但他的成長過程，卻背負這場巫蠱之禍的原罪，倍嘗艱辛。

漢宣帝原名劉病已，即位後改名詢。是中國史上少有的中興之君。

因為巫蠱之禍，出生沒多久就父母雙亡，還是嬰兒的他也被關入大牢，由兩名女囚充當乳母暫且養活。然巫蠱之禍連年未決，劉病已只好在大牢中慢慢成長，到了四、五歲時，又有傳言說長安大獄中有天子氣。始終忌憚有人奪位的漢武帝，便立刻下令處死大牢裡所有犯人。幸好當時的典獄長邴吉想盡辦法保住了劉病已的性命，讓他躲過這場災禍。後來遇到大赦，劉病已才結束了五年的牢獄生涯。

由這樣的出身背景就可以知道宣帝劉病已完全不是皇宮內的貴公子，相反地，他接觸民間，並深深瞭解民間生活。《漢書》中說他：「具知閭里奸邪，吏治得失。」

宣帝落難民間時，所結髮的妻子許平君並不因為他落魄的出身而瞧不起他，反而與他同甘共苦，兩人感情深厚。因此，在霍光輔政，冊立劉病已為皇帝之後，他也對結髮妻子不離不棄。

但這樣的情感卻導致許平君最後的災難。

趁你病要你命

霍光冊立劉病已為帝後，接下來便希望自己的女兒霍成君被冊立為后，卻萬萬沒想到劉詢顧念與髮妻許平君的感情，不顧眾大臣強烈反對，堅持立許氏為后，結果就是惹怒了一心想要讓自己女兒霍成君成為皇后的霍光夫人。劉詢即位後一年，許皇后懷孕，霍夫人趁此機會，買通女醫淳于衍，要淳于衍趁許皇后產子時加以毒害。

《漢書．外戚傳》裡記載了一段對話：

（霍夫人對淳于衍說）婦人免乳大故，十死一生。今皇后當免身（「免乳」與「免身」都是婦人產子之意），可因投毒藥去也，成君即得為皇后矣。如蒙力事成，富貴與少夫（淳于衍字）共之。

這是有可能遭來大厄，也可能帶來大富貴的工作，淳于衍思考良久，最後還是「富貴與共」的承諾誘惑了她。

擅中醫學的淳于衍選擇了一味藥，用這味藥順利完成霍夫人與她的利益交換。

她用的藥就是「附子」。

曾有中醫師提到：「附子是一種含有劇毒的藥物。如果說凡藥三分毒，那附子之毒，則不止三分。」甚至還說它「名列第一類毒藥」（《醫．藥．人》第四十七期）。

魏晉時期流傳的醫書《名醫別錄》中也提到附子：「味甘，大熱，有大毒。」通常藥都有三分毒，有時它的毒卻是它成為藥的重要原因。能人醫者根據病患的「證狀」選用劇毒藥物，只要「證」與「藥」對了，藥物

持鐮刀沿路追砍，
CTS HD
台南
"附子"含烏頭鹼 未經處理有毒性
晚間新聞
19:13:28
禽流防疫
H7N9人用疫苗開發 可望明年2017申請上市

【二千年後還是要小心附子】

附子是毛茛科植物「烏頭」的子根。烏頭屬植物的毒性極高，皮膚敏感的人一接觸就會過敏。

生附子的毒稱為烏頭鹼，人口服〇·二毫克左右即會中毒，三至五毫克即可致死。能麻痺感覺神經和中樞神經，興奮心臟迷走神經，導致心肌細胞受損。

希臘神話中甚至傳說烏頭是從冥界三頭犬所流出的唾液之中長出來的。

但烏頭鹼是水解性毒，經過炮製或一定時間的水煮、久煮後，毒性會大幅降低，毒性降低後，它卻具有「回陽救逆，助陽補火，散寒止痛」的功效，被稱為「回陽救逆第一品藥」，四逆湯或參附湯即是。

圖為經過炮製的附子，相對於生附子是較為安全的用藥。

就有了針對性，能產生有效的治療作用，反而處理了「證」，此時有毒之物就成了有益之藥。

所以附子也可以是一味救命良藥。

東漢張仲景就常用到附子，在他的著作《傷寒論》、《金匱要略》中，有附子的藥方多達三十幾帖，其中有麻黃附子細辛湯、桂枝附子湯、附子瀉心湯、大黃附子湯……等等。而唐代名醫孫思邈在《備急千金要方》中也用附子創了溫脾湯，將附子、大黃、人參、乾薑、甘草共組一方，主治脾陽不足、冷積便祕。

南宋陳自明《婦人良方大全》中的參附湯，也是回陽固脫、救治陽氣將脫的代表方劑，是搶救心力衰竭的主方。另外，以生附子、生川烏、生南星、木香等組成的三生飲，則是治療中風偏癱的名方。

生附子的確是劇毒，但毒性降低後，它反而是非常重要的藥用植物。

所以我們可以推測，淳于衍用於許皇后身上的藥應該不會是熟附子，較有可能是生附子，因為毒性強大，可以確保服用者必然死亡。

但用了毒性如此強大的一味藥，又要如何躲過「藥雜治，當先嘗」（〈外戚傳〉淳于衍所說）的問題？

「雜治」是會審或綜合治理的意思，淳于衍當時的顧慮是：「許皇后身分如此尊貴，當是所有太醫綜合調理出方子來進行共同治療，而且還有嘗藥太監監視，我要如何完成這項殺人滅口的高難度工作？」

良藥苦口，毒丸奪命

的確，富貴險中求，這真的是高難度、高危險、但也是高報酬的工作。

後來淳于衍果然想到了好辦法，她「取附子并合太醫大丸以飲皇后」，可知淳于衍用的是丸藥，將生附子製成丸劑，混進太醫開的丸藥一併餵服給許皇后。

這一招非常聰明。丸藥很有可能躲過嘗藥太監的檢查，只要檢查時取其中幾顆安全的、真正的太醫藥丸讓嘗藥太監試驗，將有毒的丸藥魚目混珠，如此便能躲過太監的親嘗，順利把毒丸送入皇后口中。如果是湯劑，要順利用一碗含毒的湯劑毒死皇后而不毒死嘗藥太監，那是不太可能的。

果然，許皇后吃了這些丸藥。

她吃了丸劑後，反應是這樣的：

「我頭岑岑也，藥中得無有毒？」對曰：「無有。」遂加煩懣，崩。

「岑岑」是脹痛、煩悶之意，表示許皇后服毒後沒多久，馬上出現頭脹痛、身煩悶的症狀，這跟烏頭鹼中毒症狀：口舌、四肢或全身發麻，頭暈、神志不清，噁心、嘔吐、流涎，繼則四肢陣發性抽搐，呼吸困難，心悸氣短……，基本相符。

所以淳于衍順利完成她的工作，《漢書》說：「許后立三年而崩，謚曰恭哀皇后。」

可想而知，與許皇后感情深厚的宣帝必然傷心欲絕，但迫於情勢，他後來還是順應臣子意見，立了霍光女兒霍成君為皇后，成為他的第二任皇后。但因為對許皇后念念不忘，五年後，宣帝便立許皇后所出的兒子劉奭（後為漢元帝）為皇太子。此舉又觸怒了霍光夫人，她震怒嘔血，認為皇太子之位應保留給女兒霍成君所出的皇子才行。於是，一回生二回熟，她又開始準備第二次的毒殺計畫，這次的對象是皇太子。

但「可惜」這次她沒有成功。隔一年，霍

家害怕毒殺許皇后的事跡敗露，想先發制人，發動政變，意圖廢掉宣帝。沒想到反而被宣帝捷足先登，廢了霍家。也因為企圖毒殺太子一事，宣帝最後廢了霍成君，將其打入冷宮。再後來的後來，霍成君自殺。

宣帝後宮的宮廷鬥爭事件，至此了局。

至於下藥殺人的女醫淳于衍的下場如何，是真的得到高報酬、富貴與共的承諾，還是被殺人滅口，成為下一個死者？史書裡就沒有多加記載了。她雖毒殺了許皇后，在這場宮鬥劇中算是重要的關鍵人物，但她的戲分到這裡也就差不多結束了。

曾有中醫師說過：「在煎煮附子的時候，千萬不要離開或交託給別人，否則你會連自己是怎麼死的都搞不清楚。」

總而言之，附子——尤其是生附子，可以說是非常「優質」的「一日喪命散」，是居家旅行、殺人滅口、宮鬥宅鬥的必備良藥啊！

現代有食安問題，古代也有！而且古代的食安若牽涉到宮鬥，那可是慘烈無比的下場。萬一你穿越到了古代，並且成為皇宮中的一員，偏偏還受到皇上的寵信，那麼請千萬千萬要記住，食物入口前，務必要三思！

撰稿人：周翊雯

| 政治焦點 |

先有逢甲大學還是先有逢甲夜市？

論首倡臺獨的丘逢甲功過

究竟在眾多臺灣歷史名人中丘逢甲的魅力何在，
為何官府民間通吃，全臺竟有多處保留「逢甲」之名？
他塑造了什麼歷史記憶，可以一直保鮮、得到青睞？

曾聽過不少學生說，逢甲大學的命名是源自逢甲夜市。若進一步追問，逢甲夜市的「逢甲」又是怎麼來的呢？學生總是略帶猶疑回答說：「應該是人名吧，好像還是抗日英雄？」這時我都會溫柔地對同學說：「親愛的同學，大約五十多年前有了逢甲大學，過了一段時間後才有逢甲夜市，而且逢甲夜市原本稱為文華路夜市（臺中大多數夜市的命名都採用路名），後來因為逢甲大學規模擴大，人潮聚集，才改名為逢甲商圈。何況校園內有一棟丘逢甲紀念館，你們天天走過路過，也要好好想過，丘逢甲的抗日不是只有口號而已，他更用實際行動去抗日護臺。這位先賢三十幾歲時就把臺灣帶向前所未有的獨立之路，不以成敗論英雄的話，他勇於承擔、嘗試突圍的勇氣委實異於常人。」

不僅逢甲大學以丘逢甲命名，根據逢甲大學陳哲三教授的統計，截至一九九六年全臺

丘逢甲紀念館，位於逢甲大學校園內，民國六十二年落成。

尚有十五處路名或史蹟保留「逢甲」之名，例如：新北市瑞芳區逢甲路、臺中市西屯區逢甲路、屏東縣屏東市逢甲路、高雄市鼓山區逢甲路、臺中市豐原區丘逢甲紀念公園等。甚至二〇一七年初，臺灣國防部向美國採購兩艘派里級軍艦，其中一艘就打算命名為「逢甲」艦，以表彰他對於臺灣的貢獻，只是由於丘逢甲並非海軍出身，國防部的逢甲艦命名之舉便受到立委炮轟，到了六月底也未見國防部提出新的軍艦命名，於是「PFG-1115 逢甲」艦正式納入海軍艦隊指揮部所屬位於澎湖的一四六艦隊，負責臺灣海峽的偵巡任務。

丘逢甲，字仙根，號蟄仙，晚號滄海君。出生於今苗栗縣銅鑼鄉，當時籍屬彰化縣。

究竟在眾多臺灣歷史名人中丘逢甲的魅力何在，為何官府民間通吃？在臺灣充斥著解構氛圍、國族認同搖擺不定的環境下，他又塑造了什麼歷史記憶，可以一直保鮮、得到青睞？

臺灣首次獨立

很多臺灣人都有類似的經驗或聽聞，一旦被國外人士問起：「你來自哪個國家？」十之八九都是回答「臺灣」，很少有人會直接回答「中華民國」，更不會有人回答「中國」。

而當回答來自臺灣時，多數臺灣人應該還會再加以解釋：臺灣不是Thailand（泰國），或者臺灣不屬於China（中國）。這就是臺灣人最真實的意志，雖然政治檯面上不能直接說，但私底下卻想要真實回應現況。

換個角度思考，當被人問起臺灣人是不是中國人時，我們可以反問：「嗯，真是個好問題，你認為美國人是英國人嗎？」這樣的回答或許有踢皮球之嫌，但其中奧妙確實引人玩味。

現今的臺灣人處在能說又不能說（自己是臺灣人）的抉擇之間，其實在一百二十多年以前的臺灣，處在必須與中國（清國）斷捨離以求保命的世紀大變局，同樣是兩難。「乙未之變」倉促成立的亞洲第一個以民主國自稱的國家——「臺灣民主國」，壽命只有一百多天，俗話說：「時勢造英雄。」但對當時的熱血臺灣人來說，反而是時勢「害」英雄，有苦難言。

話說光緒二十年（一八九四年，歲次甲午），朝鮮發生東學黨之亂，清、日兩國相約出兵朝鮮，誰知亂平之後，日本卻不願撤兵，導致爆發有名的清、日「甲午戰爭」。開戰後，清國海軍連連失利，戰況不樂觀，朝廷下旨臺灣加強海防工作，此時唐景崧任臺灣布政使，協助臺灣巡撫邵友濂辦理防務，臺灣名人丘逢甲奉旨招募義勇軍，督辦團練（後改稱義軍，還成為日後臺灣對日抗戰的主要兵力）。同年，邵友濂在關鍵時刻離職，唐景崧順理成章升任臺灣巡撫。

到了光緒二十一年（歲次乙未）三月（農曆，以下同），清、日終於約定停戰，但是範圍僅限於東北地區，臺灣不在停戰約定範圍內，於是日軍準備全力攻臺，臺灣人民對此同感憤慨，臺灣人又沒做錯任何事，竟要無辜被牽連進無情戰火中，而朝廷什麼都阻止不了。此時，丘逢甲一面布署義軍，並十次上書巡撫唐景崧，陳言義軍護衛臺灣的決心和死志，希望朝廷可以為臺灣力戰到底。

然而清廷卻在三月底，派李鴻章為代表赴日本簽訂《馬關條約》，協議割讓臺、澎予日本。《馬關條約》決議一傳出，臺灣人民群情激憤，以丘逢甲為首的仕紳共同向清廷、列強各國奔走，聲請救臺，並上書誓言力抗日軍，不願臣服。但是清廷給丘逢甲的回應卻是「臺灣雖重，比之京師，則臺灣為輕」，執意割讓臺灣，犧牲小我，成全大我。臺灣士紳們眼見爹不疼、娘不愛，孤立無援，最後一計只好倡議自立為「臺灣民主國」，孤注一擲。

孤臣無力回天

一八九五年五月二日，臺灣民主國正式成立，唐景崧就任總統以取得中國支援，丘逢甲任義軍統領以獲得臺灣資源，自此展開更為艱辛的護臺歷程。

日軍攻臺的速度極快，五月六日自澳底（今新北市貢寮）登陸，臺北軍情告急，總統唐景崧於五月十五日左右喬裝離臺，東渡

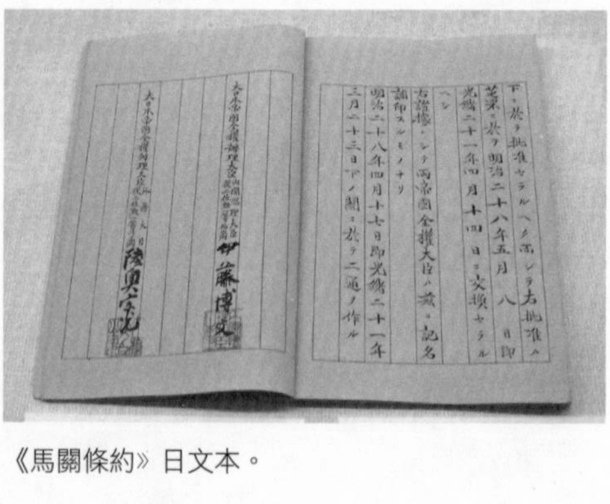
《馬關條約》日文本。

福建——一點都不誇張，真的是名符其實的「十日總統」。群龍無首，日軍遂輕易攻破臺北城，隨即一路南下，駐守中部的丘逢甲原要奮戰到底，但在部將謝道隆以「臺雖亡，能強祖國，則可復土雪恥」為由勸導下，也決定攜帶家眷離臺內渡，時間應該不會晚於六月下旬，時年三十二歲。

臺灣民主國的成立為亞洲民主歷史打開新頁，雖然倉促成軍又草率結尾，但其中以一人之力左右全局的關鍵人物，即丘逢甲。甲午戰爭開打至丘逢甲內渡前，他擔任的職務為「臺灣省義軍統領」，當時在軍事布署和義軍組織方面，唐景崧皆須與丘逢甲相商而後定。若是丘逢甲不同意，縱使是唐景崧貴為總統，亦不會冒然執行。嚴格說起來，團練或義軍都不是朝廷軍隊的常態編制，其統領多屬精神領袖的性質，當時的文人洪棄生《寄鶴齋詩話》就指出：「林朝棟（武官，當時駐守臺中）棄臺西遯，較丘進士（即丘逢甲）尤難掩眾論。蓋仙根書生，未嫻戎務，出領義軍，係唐景崧濫舉。」由此可知，丘逢甲並沒有跨入正式的官宦體制中。

然而就丘逢甲個人主觀心態來說，他一直是把自己當成臣子來貢獻心力。即使是臺灣民主國成立，丘逢甲仍未輕易走向幕前，而是全心全力在幕後奔走打拚，連橫《臺灣通史．職官志》之「民主國職官表」記錄了大總統、軍務大臣、內務大臣、外務大臣、游說使、府州廳縣等舊式編制，未見「義軍統領」在此名單上。義軍統領顯然不是臺灣民主國所新授官職，換句話說，丘逢甲雖是臺灣民主國的靈魂人物，卻是以鄉紳身分去影響大局。可惜，由於時間倉卒，諸多配套措施無法一一就緒，臺灣民主國的抗日事業宣告失敗，最終丘逢甲雖選擇內渡，沒有留在臺灣繼續抗日，但不可否認地，丘逢甲以個人、民間的身分為臺灣抗日史做出了最大的努力。

就像他最著名的〈離臺〉詩所說：

宰相有權能割地，孤臣無力可回天。
扁舟去作鴟夷子，回首河山意黯然。

一切就是如此無可奈何！

餘生空留遺憾

根據統計，乙未內渡的臺灣鄉紳占全部鄉紳的比例高達二分之一，丘逢甲選擇內渡不失為是務實的做法，至少可保全自己和家族的身家安全，而且清廷對內渡的臺灣科舉士人也有所安置。在現實的考量上，內渡絕非特立獨行或者天理不容，只是在情感上、道義上、理想上，丘逢甲在救臺灣一事上給了

【臺灣民主國國旗圖樣】

又稱「藍地黃虎旗」。原旗下落不明，今於國立臺灣博物館所見之黃虎旗，乃日人高橋雲亭依原件摹製，據信「與本品分毫無異」。而坊間流傳最廣、最「深植人心」的黃虎旗（附圖），則是紀念臺灣民主國五十九週年時，由畫家林玉山根據「高橋雲亭黃虎旗摹本」所重新摹繪的「林玉山版黃虎旗」。

無助的臺灣人太高的期望，當期望迅速落空後，臺灣人評價他和他所倡導的臺灣民主國便不太客氣。而內渡更成了丘逢甲一生揮之不去的陰影，造就了他在自己的詩集《嶺雲海日樓詩鈔》中不斷反覆迴旋的臺灣意象與主題：

流落天南今八載，接天海氣晝昏昏。
錦袍銀燭追前夢，夜半濤聲倍斷魂。

只要是人，都會犯錯，而人一旦犯錯，固然必須接受歷史的審判，但最具有審判效果的，其實不是歷史的紀錄，而是當事人內心深處的自責與悔恨，當事人終其一生都活在這種陰影之下，其實已經是不斷自我處罰，這樣也真的夠了。

放眼滄桑臺灣史，命運如同鎖鏈一般，相同的魔咒不斷銬住著臺灣，臺灣到底該不該正名，一百多年前有過切身體驗，當時的時空背景與今日雖有不同，但進退維谷的處境卻是相同的，時勢既能造英雄，也能害英雄，再清楚不過了。

撰稿人：王惠鈴

丘逢甲與霧峰林家的「陰」緣線

除去愛情因素，需要多大的條件才能讓男人願意選擇「冥婚」這條路呢？是保證一份穩定的工作？還是附送一筆巨額的金錢？誰能知道臺灣民主國的靈魂人物丘逢甲年輕時雖接觸了新思想，但面對前途未卜，心中惴惴不安，竟然還是選擇冥婚了！

冥婚，又稱配骨、陰婚、鬼婚、靈婚，是指有死者參與的婚姻。又分為「死人與死人」（今日仍常見諸新聞報導，若有情侶因故同時喪生，雙方父母往往會為其舉辦冥婚）和「死人與活人」兩種。

一八六四年，丘逢甲出生於丘爸爸當家教的秀才家中，丘家正想從藍領階級轉型成白領階級和知識階級，長男丘先甲專攻武略與拓墾，丘逢甲身為家中次男，求學過程中拜師苦讀，結交學伴，果然十四歲（為應試謊報十六歲）參加童子試就被福建巡撫丁日昌譽為「東寧才子」，獲得院試第一名的佳績，一炮而紅。連當時望族臺中霧峰林家也相中丘逢甲這支潛力股，打算將十三歲的林卓英（林朝棟么妹、林獻堂堂姐）許配給丘逢甲，只是丘爸爸以丘逢甲尚未取得功名，暫緩了婚事。誰知第二年，林卓英竟突然過世，丘、林兩家婚事便作罷。

二十歲時丘逢甲娶了廖氏，接連生了一男一女，卻雙雙夭折，丘家疑為林氏陰魂作祟，但未有任何解決之法。這一年，丘逢甲的弟弟丘樹甲十三歲，成了臺灣史上最年輕的秀才，娶了林金盞（林獻堂堂姐），丘、林兩家正式締結親戚。

到了光緒十一年（一八八五年），二十二歲的丘逢甲首度赴福州參加鄉試，與他同行的人正是霧峰林文欽（林獻堂父親）。對考試一向自信的丘逢甲竟然落榜，林文欽也落榜，丘逢甲受到的打擊非同小可，在回臺途中又遇上大風浪，危難之時，在船上似乎隱約看見一個女子形象。林文欽解讀該女子為林卓英的陰魂，兩人未能順利考取功名，就是因為丘逢甲另娶嬌妻，而未迎立林卓英牌位的報應。

次年，丘逢甲真的就與林卓英的牌位冥婚，並奉為正室，而原本的正室廖氏則改為繼室。據丘氏宗親丘秀芷說，冥婚一事記載於族譜中，時至一九〇二年，丘逢甲為霧峰林獻堂的祖母羅太夫人寫祝壽文時，仍自署為「侄孫婿」（見丘逢甲〈恭祝誥封恭人林大母羅太恭人八旬開一壽序〉）。

以「冥婚」方式來改善自己的運勢，足見丘逢甲追求科舉功名之積極心態，也可見丘逢甲與霧峰望族林家私交之密切。此後，丘逢甲歷經光緒十四年的重考中舉、光緒十五年北京會試、殿試連捷，終成進士，授工部虞衡司主事，階正六品，至此科舉功名的追求總算開花結果，下一步應該就是開展學以致用、報國治民的當官計畫。但丘逢甲卻在到任不久後，以親老之故援例告歸還鄉，從此自稱絕意仕進，真不知丘逢甲辭官後是用什麼心情看待當年的冥婚？

撰稿人：王惠鈴

叫人看着這齣戲　不能不動天良　諸看馬上的戲文　誰說沒有進步嗎　聽到戲裏唱着　不是阿私所好嘛　實實在在　人家真有愛衆的熱心　除了演戲的人　還要作了好些的公益　比上廣和合來的　可就有着大德了　當時有位姓魯的先生　向我們問道　老兄，想你們這話我可沒點兒糊塗嗎　你說古往今來　我們中國的梨行　都是怎麼樣的好法　也有……的　也有盡忠的　戲迷馬上的劇團　還有好多位志士呢　比上泰西的戲的　不能並駕齊驅嗎　20餘人家是個名角兒　就能與衆人崇拜　我們戲行演期友　無間怎樣好法　到底兒沒有人歡迎　外帶唱戲這行　賤上賤　作個娼優極賤　萬至賤　工　商　賈　全都自居首承嗎　這是大家夥兒不公啊　還是伶人們自取的　話把這種道理　說說聽嘛　咳呀　不想中國的戲行　不能一律而論啊　（仍未完）

津西郊兩戰俱告捷

火海對人海血拚慘烈

空陸配合蓮河兩岸伏屍遍野

西營門大園村一帶工事屹立

【本報訊】據悉：共軍第一縱隊，以兩個團之兵力，昨日下午五時起再度向大小西營門國軍陣地猛撲，國軍沉着應戰，以熾烈砲火迎擊，至九時許，戰事始趨沉寂，是役戰果尚在清查中。截至昨晚九時止，已俘獲共軍二百餘名。

【本報訊】軍息：十一日夜津西郊大園村西營門之線，國軍又告勝利。匪軍兩師之衆，大部就殲。緣林彪匪部兩個師，於十一日下午八時至九時止，向天津城防堡壘一環之西營門外大園村間陣地，做散兵衝鋒七次之多，國軍爲應付匪軍此種之乘隙來犯，亦曾出動配合全部美式、卡賓槍衝鋒武器之排，師參加戰門。敵方火海對人海，拚殺慘烈。迨匪軍第三、四次衝鋒時，戰鬥正壞激烈，國軍支持程度已降千鈞一髮，適有北平基地飛來偵查機一架，飛臨上空，國軍地上立既與之聯絡，求其助戰。偵查機遂即飛返報告，戰鬥至八時半時，匪軍又展開其……國軍轟炸機襲臨上空，立即對匪猛施炸射，同時地面國軍砲火，亦施猛威，向匪軍後方陣地猛射。衝鋒之匪軍，悉予擊斃。由八時半至九時當時雙方配合之下，匪成肉醬，棄屍遍野。由大園村迄門一帶，屍及遺物，佈滿。

……戰事，十一日再奏奇功。大小西營門國軍在空陸配合下，擊退……

竟整正後即可公佈。會後傳捕司令繼實，據聞傅氏尚拔等表示，對各方和平努力甚表贊同。

又兩立各院接一部鼓援十二日亦有數命，對大尚有……

甸扣押

護費

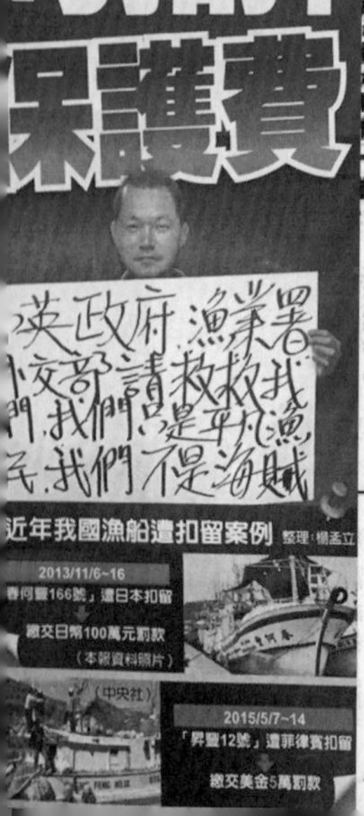

平市報載華北市將公推文化界人士要秋水，湯用彤，胡適章，馬衡，湯友蘭任保護文化古城，將出面向國共雙方呼籲和平，昨據孫秋水氏對記者談：對此事前未變任何方面通知，唯保護故都文化，爲保畿所主張，如有人發動，當決竭力支持。馬衡氏亦有同樣表示。湯馮兩係方面消息，此事之發動，乃另有人在暗中活動，不過一種希望而已。

又很東張氏昨已退出國，張氏對於和運雖亦具熱誠，唯將不受任何方面委託，又傳張氏近期即將赴石家莊一行，一般資料此事頗有可……

……和平運動……會，原定昨日試飛，臨時因故停止。

臺灣阿片特許問題

宜蘭　陳鏡秋

一

連雅堂氏余却有些認識、（於全島詩會席上）但不知其爲人也、雖然、氏之文學及其主張、却借散見於詩畜或民報紙上、用此推之、却亦是個有心世道之篤學家、實爲學界中不可多得之士、素甚敬服、不料去三月二日、臺日紙所載之同氏意見書、其所見解、又與從前甚相背馳、殊有出人意外、竟然失望、是以不可無一言之感想、連氏所說、通篇有百十六行、千二百十八字、約略可分六段、

……語、決不能爲現代醫學所容認。

三

瘴毒者乃山川濕熱蒸鬱之惡氣、後漢書楊終傳有「南方暑濕、瘴毒互生」之句、人中之輒病、病輒發熱、或曰瘴疫或謂瘴癘、多發生於南方暑濕之地、爲風土不良所致、蓋今日所謂麻拉里亞者是也、麻拉里亞乃是伊太利語、爲惡空氣、Malaria之意、往時以此病、爲受有害土壤之蒸發氣而起、故有是名、乃瘴疫性傳染病之好模範、多流行於熱帶或亞熱……

……濟上打算、終促進吸食者增加、自非得計、又安有參考之可言、其時食者雖衆、染癮雖深、然吸食者已死殆盡、而今日之二萬五千人者、（此外密吸者亦如其數）自非彼時所染之人、又何難一時禁斷、倘能勵行矯正、其成績自必良好無疑。

五

第四段十二行、謳歌漸禁政策奏効、吸食者漸次遞減、其是非好惡、識者自明、茲不贅言、然若以新特許二萬五千人之爲數少、視爲無大關係、不成問題者誤也、蓋再特許則必又生禍端、何者、特許者將所特許之量、轉賣流用、（徵之舊特許者、多有將自己所許之量、不自吸食、而賣他人、以收其……

……臺灣爲特別法域、阿片令內却無內臺人之分、內地人亦應有特許之權、然事不出此、其所謂人道政策、豈宜如是乎、不知連氏以爲何如。

七

第六段二十二行、說特許爲合於人道、此阿諛之言也、見人受害、而不設法補救、使其自相沉淪損滅、人道豈宜如此解法、又說治民者、不在擾民拂人之性、在安民順人之情、及保持政府威信、照議而行特許、引臺北市內保甲聯名、申請之例爲民意、而維持其說、斷言不及三十年、不禁而自禁、爲持平之道、噫是何言哉、以……

……持、騙民入阱、指鹿爲馬、亦欲保持其信、是陷民也、若此等之失信、於社會上反受其益、得有利於社會之舉、民且喜之、誰敢言是失信、且以射利之徒、（阿片小賣之保甲役員）所申請曰民意、吾不禁爲民意一哭。

八

或曰連氏乃烟霞中之達人、故是篇乃欲保持自己特權、及出於同病相憐而作、蓋恐兎死狐悲、危延及己、而先出未雨綢繆狡兎三窟之計云云、未審連氏以爲然乎、總之連氏此番所論、殊欠妥帖、與從前之連氏、殆有判若二人之感、蓋前者忠於民、今者阿於官也、吾甚爲連氏惜、不知連氏肯翻然……

致被以違反治安警察法受告發，檢察也出發到實地踏查。以後經受檢察官判二十圓的罰金，但及至公判的當兒卻交載判其宣告無罪了。因此斷者都……公平的判決。

△

斗南昭和新報收容人菜、爲欲……發紙、竟敢中傷民報、說什麼……

新舊聞

國際脈動

敵潛艦の襲撃に
高千穗丸沈沒す
生存者二四五名
和平空氣
先後晉謁總統
失速毒潮
青少年染毒悲歌 毒癮
我漁船遭
付1萬美

國泰航空竟然是契丹航空？

追溯一個消失的王朝

無論是「國泰航空」或者「國泰銀行」（兩家企業並無關係）
指的都是「契丹航空」、「契丹銀行」。

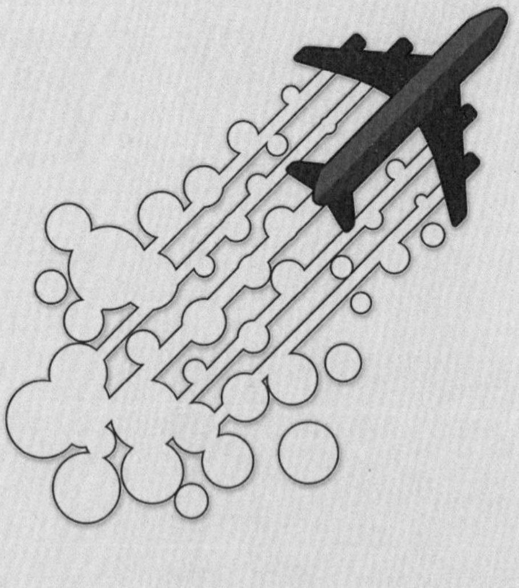

二〇一七年四月十一日，一段聯合航空（United Airlines, UA）動用航警將華裔乘客拖離座位的濺血影片，引發全球譁然。經此事件，我們赫然發現，原來航空公司可以超賣機位，登了機，安放了行李，不代表你能安然到達目的地。思及此，眼睛盯著手機螢幕，手指正停在航空公司網頁上的我，不禁有些擔心了起來。這次出遊所選的航空公司——國泰航空，應該不會這麼粗暴吧？

國泰航空＝契丹航空

國泰航空公司英文名稱為 Cathay Pacific Airways Limited。而 Cathay 的中文譯音是「國泰」，又是「契丹」的意思——國泰航空的官網上如此介紹著。

什麼！原來我一直坐的是「契丹航空」！

Cathay 直譯為契丹，現在翻寫成國泰，國泰／契丹／Cathay 三位一體，國泰航空便是契丹航空。已經在中國歷史上消失的契丹，曾經在中國北方建立幅員廣大的遼國。「契丹」因此成為中世紀歐洲人對中國的古稱，「契丹」一詞也隱藏著外國人對古老東方的神祕想像，連接起馬可波羅、成吉思汗、絲綢之路與香格里拉……。

古老的遼國已經湮沒了，契丹族也已不知所蹤，但是留下來的名字仍不斷在天空飛翔。

為什麼 Cathay 的直譯是契丹，為什麼它又可被翻譯成國泰呢？

契丹＝開丹

契丹，是契丹民族的自稱，以漢字寫下譯音；然而一開始，契丹人用的不是「契丹」二字，而是「開丹」。

天顯元年（九二六年），是契丹豐收的時節，遼太祖耶律阿保機削平了渤海國，還將渤海國改稱為東丹國（東邊的開丹國），並派遣皇太子耶律倍為東丹國國王，睥睨當時中國北境，無與爭鋒。為慶祝這樣巨大的勝利，遼太祖鑄了「開丹聖寶」錢幣來紀念，喧騰一時。

再過十年，契丹國力愈發強盛，不僅占有了燕雲十六州（約今山西、河北北部一帶），面對契丹王，後晉皇帝石敬瑭還自稱「兒皇帝」。

契丹幣——開丹聖寶。

無論是遼太祖時「開丹」的「開」，英語的Cathay的Ca[ka]，抑或俄語的Ku Д a й [kidai]的Ku[ki]，在在都顯示「契丹」民族千年前的古稱，首字母較接近ㄍ、ㄎ一類的發音。讀為ㄑ類聲母，則是漢語後來的語音音變。

「開」字千年前的聲母讀音為ㄎ，但譯音流傳到他國時總有誤差，他國人民未必能夠分得清ㄍ與ㄎ。古音讀為ㄍㄎㄏ，今日國語讀為ㄐㄑㄒ的音變現象，我們還可在保留許多古音的南方漢語，如閩、客、粵等方言中，看到許多例子。

國語一脈的漢語，以ㄍㄎㄏ為聲母的字群，演進至元、明時，才漸漸變為ㄐㄑㄒ類的聲母。成書於元代的《蒙古字韻》（蒙古人學漢字的讀本），裡面的八思巴字標音，就已有這些字群變為ㄐㄑㄒ的跡象。這樣的音變，語言學上又稱為「顎化音變」。

清朝蒙人博明在所著《西齋偶得》謂：「蒙古呼中國為『契塔特』，西洋呼中國為『吉代』，皆『契丹』之轉音也。」

國際脈動

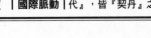

閩語	國語
雞仔（ke-a／kue-a）	小雞（tçi／ㄐㄧ）
溪（kʰe／kʰue）	溪（çi／ㄒㄧ）
見笑（kian-siau）	見（tçian／ㄐㄧㄢˋ）笑
k、kʰ（ㄍ、ㄎ）為較古的讀法	tç、tçʰ（ㄐ、ㄑ）為音變後的讀法

簡而言之，無論是「開」或「契」，千年前的聲母都是ㄎ，可是後來兩字走向不同的演變道路。「開」字今日聲母仍讀ㄎ，而「契」字聲母已變讀為ㄑ了。

不曉得你是哪國人，只知道你是外國人

與西方人相處過的人一定曾有這樣的經驗，西方人總分不清楚黃臉、黑髮的亞洲人種究竟是日本人、韓國人，還是臺灣人？面對我們，他們總有「臉盲」的感覺。反之亦然，我們也常分不清楚西方人的族別。民族與民族間的交往也不外乎如此！契丹民族曾雄據中國北方近五百年，哪能奢望異國民族能夠分清你究竟是漢族、契丹族，還是蒙古族呢？中土的朝代更替，又與他們何干呢？

試想，一個千年前生長在中國北方邊境的古早阿兜仔，問他邊境的鄰居：「你是哪裡

人啊？」這個住在中土的鄰居當然回答：「我是契丹人呀！」

白雲蒼狗，時間悠悠，又過了千年，即使契丹人在這塊東方土地上已難以尋覓，可古早阿兜仔的子子孫孫依舊習慣稱住在這片東方土地上的人們為「契丹」。「契丹」儼然成為「中國」的代稱。

國際上常將中國譯為China，可是東歐一帶的民族，至今仍習慣用「契丹」的音譯詞來指稱中國，顯然有其特殊的歷史、文化與環境因素在影響著。

不獨中世紀的歐洲人稱呼中國為「契丹」，古時朝鮮人也慣稱中國為「契丹」（即使那時已經沒有契丹／遼這個國家了）。如元末時的《老乞大》一書，是舊時朝鮮人學習漢語的讀本，直譯便是「老中國」的意思。「乞大」便是「契丹」的他種譯法——音譯字本就容易存在多種寫法。

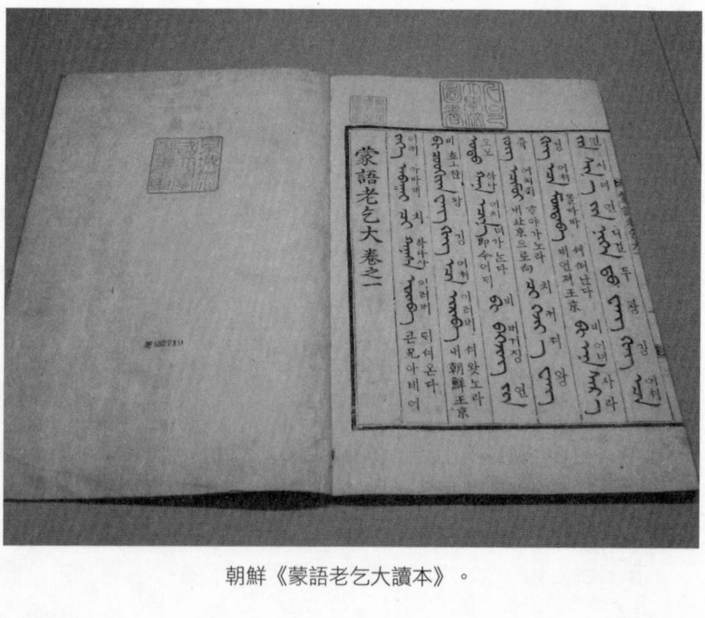

朝鮮《蒙語老乞大讀本》。

十七世紀「乞大」的「乞」的聲母，據考音，還是讀為ㄎ，就如同閩語讀「乞丐」的「乞」[kʰit]般。

眼尖的你，或許發現前文的《蒙古字韻》成書時代較早，但是ㄍㄎㄏ已有變為ㄐㄑㄒ跡象；《老乞大》是較晚出版的書，為什麼還保留古音呢？那是因為古人崇古，成書有時以能保存更古的音韻為主，所寫的韻書、字書未必能夠反映時音。這也就造成了有時晚出的書所反映的語音現象，竟比較早的書來得更古老的狀況。

翻譯再翻譯，選字表願望

本文略去了「契丹」二字在韻母音讀上的探討，是為避免文章落入過於專業難懂的迴圈中。最末，再論述一下英語 Cathay 裡的 th，也就是對譯「契丹」的「丹」字的譯音為何讀為θ的問題。這其實是現代英語音變後的讀法。我們可從字母的拼寫上追出 th 原唸為ㄉ、ㄊ一類的古音痕跡，例如：英語「老虎」tiger 的 t，今仍讀為ㄊ。t+h 後，在英語會從ㄉ、ㄊ的音，變為θ。

一千年前，懂得說漢語的契丹民族，選用了漢字「開丹」、「契丹」來轉譯自己民族的稱呼，並將「契丹」一詞流傳到歐洲、東北亞各國。千年過去了，我們從外語的譯音，再把「契丹」二字借回來，以漢字寫成「國泰」二字。

換句話說，「國泰」就是「契丹」一詞的再翻譯。就聲音上來說，「國泰」二字的聲母（ㄍ與ㄊ）比「契丹」的「契」聲母與 Cathay 的 th[θ]，更接近古讀。就意義上來說，「國泰」還會令漢語使用者聯想到「國泰民安」的寓意，具有雙重的效果。

因此，無論是「國泰航空」或者「國泰銀

【什麼是「國語」？】

中國自古以來都有一種凌駕在各方言之上的標準語，正式場合的交際應酬都仰賴這種標準語。春秋時稱為「雅言」，即《論語》裡記載的「子所雅言」。孔子在家時說山東鄉音，周遊列國與申辯己說時，用的是「雅言」。

到了明代時，這種標準語稱為「官話」，即做官說的話。歷朝歷代的標準語都有一個或兩個較具影響力的語言中心。臺灣對於這個標準語稱為「國語」，中國大陸則多稱為「普通話」，都是以北京話為主要的參照語言中心。

但現在網路上有一則訛傳，說北京話就是滿語，是非漢人說的話。這樣的說法是錯的！就算是以北京官話為中心的「國語」，也不可避免地參酌了許多其他方言的語言特色。且在清人尚未入關前，皇太極就曾頒布過詔令：「若不遵新定之名，仍稱漢字舊名者，是不奉國法，恣行悖亂者也，察出決不輕恕。」（《清太宗實錄》）為何要這樣嚴加懲罰不以滿語稱呼官名、地名的人呢？就是因為清兵入關前，一般滿族人也都以漢語對話，而鮮少使用滿語，滿人的皇族貴胄有很深的語言瀕危感啊！

國泰航空飛機機身上清楚寫著「Cathay Pacific」字樣。至於Pacific則與太平洋航線有關。

行」（兩家企業並無關係），指的都是「契丹航空」、「契丹銀行」，義譯起來便是「中國航空」與「中國銀行」囉！

若契丹人地下有知，大概也會笑我們的契丹話不標準吧！

撰稿人：彭心怡

韓國世越號船難陰謀連環爆

回顧臺灣船運史上最嚴重的船難

一九四三年三月十九日，「高千穗丸」發生船難，
罹難人數約八百至一千人不等，
堪稱臺、日歷史上最大型船難事件，卻被蓄意掩蓋？

二〇一四年四月十六日，南韓發生世越號船難，帶走三百零四條人命，殘破不堪的船身於二〇一七年三月二十三日終於打撈出水，「活人獻祭說」又再度傳得沸沸揚揚。據傳世越號船主正是南韓邪教組織「救援派」創始人俞炳彥，疑似總統朴槿惠和俞炳彥計畫獻祭三百條人命，希望讓永生教教主崔太敏（崔順實的父親）轉世復活。啟人疑竇的是崔順實幫朴槿惠寫的演講稿中，曾出現過這樣一句話：「讓我們銘記學生們高貴的犧牲。」奇怪的字句成為「活人獻祭說」最有力的證明。

朴槿惠尚在位時，世越號罹難者家屬屢次要求朴槿惠說明船難發生時七小時的行蹤，但一直無法得到正面回應。種種巧合和揣測，讓狼狽下臺的朴槿惠再添道義上的譴責。

二〇一七年五月十一日，南韓新任總統文在寅一上臺，便下令重啟調查世越號事件，試著重建國民對政府的信心。世越號事件後，韓國民眾對於政府封鎖消息、粉飾太平的做法深感失望，二〇一六年韓國災難電影《屍速列車》異常賣座，可說就是此一民意的表現。

韓國世越號船難的始末

二〇一二年，韓國民間財團向日本購買一艘大型二手渡輪，以破壞結構體的方式大加改裝，成為當時韓國同類渡輪中最大的一艘，載重負荷約一千噸——但事發之時的載重竟高達三千多噸。

二〇一四年四月十六日，世越號在天候不佳的狀況下出航，於全羅南道珍島郡觀梅島附近海域、離目的地濟州島不遠處發生船難，超過三百人死亡，其中多數為檀園高中參加畢業旅行的二年級學生。至於事故主因，究竟是天候因素、或是駕駛失當、抑或是北韓襲擊，未能完全釐清，卻已經結案。

事故一開始，先是船長下令封鎖消息，誤導乘客待在房間等候，而錯失最佳逃生時機；等到媒體開始報導時，又因為官官相護、報導不實，再度失去救援機會，讓近三百條年輕生命枉死。更離譜的是政府當局要求各大媒體冷處理此事件，反而堅持報導真相的非主流電視臺ＪＴＢＣ力排封鎖，一路揭發可能的疑點，獲得民意相挺。

可惜大難不死，不一定有後福。部分世越號生還者因為心中壓力太大，出現了精神疾病，甚至嚴重到輕生的地步，檀園高中畢業旅行的領隊老師就因自責而上吊自殺。生還的七十五位學生後來雖獲得免試入學權利，但礙於韓國極度緊繃的升學競爭和壓力之下，還是放棄使用此特權，在身心俱疲的情況下參加高考。

世越號沉船事故的起因，至今莫衷一是。但事發當時船上人員應對失當，官方搜救未能即時，媒體報導也不夠全面，導致災情更加慘重。

世越號不僅受到國際媒體關注，也深深影響了韓國的內政，成為總統下臺的導火線。一場大型船難，不僅讓數百個家庭破碎，也讓韓國人開始檢討政府的責任。

臺灣史上最嚴重的船難

七十餘年前，在臺灣基隆外海也曾發生大型船難，犧牲者多為當時社會的菁英分子，傷亡更慘烈，近千人淪為波臣，但在當時的國際局勢、政治環境底下無從究責，事後就算日人已撤出臺灣，也少有人記得。

一九四三年三月十九日，「高千穗丸」發生船難，罹難人數約八百至一千人不等，堪稱臺、日歷史上最大型船難事件。

高千穗丸為日治時期臺、日航線中第一艘日本國自行建造的船艦，由和辻春樹設計，一九三三年完成，以無樑矢結構（即樑柱簡化）的構造為一大特色，當時日本帝國非常引以為傲，諷刺的是後來罹難者多數為當時臺、日兩地的菁英。

這起船難肇因於美國潛艇無預警地以魚雷攻擊高千穗丸，而美軍之所以做出這麼殘忍不理性的舉動（攻擊商船），則是因為自一九四一年年底日軍未宣而戰，攻擊美軍珍珠港，後來又進行一連串的南方突襲作戰，在東南亞海域上耀武揚威，僅剩菲律賓呂宋島西南部巴丹半島上的駐紮美軍與之抗衡。

面對日軍三番兩次的無預警軍事行動，美軍再也管不了國際人權，決定以其人之道還治其人之身，展開大規模反擊，更主要也是想阻斷日人的補給運送，因此片面認定高千穗丸是偽裝成貨輪的戰艦。

不料，這艘商船是如假包換的貨輪兼客輪，船上除了貨物，還搭載了不少臺、日兩地的旅日留學生、臺商，以及要赴臺履新的日本警察、公務員，包括臺灣旅日雕塑家黃清埕、擔任臺北帝國大學副教授的日人東嘉生、臺籍茶商曾仁超等，後來都不幸成為海上冤魂。

高千穗丸船難事件發生時，日本殖民臺灣已經四十八年，神戶與基隆已是臺、日間的熱門航線，高千穗丸在三月十七日於神戶啟程，開展五天四夜的航行，預計二十一日抵達基隆。航程還有兩天，眼見基隆外海島嶼已在不遠處，卻遇上了無法預期的災難。人生像大海，看不見邊際，摸不清方向。看似平靜順利的航道上，危機隨時發生，人性和情感在大難臨頭時，終於顯露出真面目。

根據當時生還者回憶，臺人若想搶搭救生艇逃難，便會被日人推落，只能被迫游泳求生。由於美軍持續追擊救生艇，最後僅剩兩艘救生艇脫逃成功，倒是游泳逃生的人較不會成為追擊的目標，但卻必須賭上性命跟險

高千穗丸曾是神戶往返基隆的主要客貨船。

惡的海象搏鬥，游泳生還者也寥寥可數。

真相只能沉入海底嗎？

鬼門關走一遭，死裡逃生的人被在附近海域作業的漁船救起，好不容易撐到基隆登陸上岸，向日本警察訴說可怕的遭遇，日本警察竟然不相信有船難發生。根據曹永洋《都市叢林醫生：郭維租的生涯心路》一書，當時在東京大學留學習醫的臺灣留學生郭維租回憶當時的對話：

「年輕人，徹夜喝酒，醉成這個樣子，真是不成體統的非國民！」

「我們不是醉漢，不要誤會……這是海難哪，高千穗號商船被擊沉啦！」

「真是醉鬼，亂講一通，看樣子不修理不行哩！有帝國海軍在，敵人哪裡敢用潛水艇攻擊商船！」這名警察根本不相信他們是海難生還的乘客。

「不要冤枉，我們說的都是真話，船沉沒了！」

這名巡邏警察看到大家狼狽的模樣，聽到大家異口同聲說是海難，又是由一艘一艘漁船載送上岸，不像是參加盛宴而喝得爛醉的醉鬼，終究心生動搖。於是帶大夥到警察局，與有關單位連絡後，卻安排這些生還者來到煤礦鉅子顏家的大宅邸。大家在那裡住了一個星期，對外毫無接觸，等於被軟禁一個星期。

可見在自我膨脹的思維底下，日本人普遍認為日本艦隊所向無敵，不可能被擊沉。再者，日本當時正處於太平洋戰爭由盛轉衰的初期階段，深怕此時的不幸消息會打擊士氣。因此選擇封鎖船難的消息，軟禁生還者，後來甚至派遣特務監視生還者，限制其活動範圍。這段期間日本政府發表官方說帖，將高千穗丸船難解釋為意外事故，直到戰爭末期白熱化階段，才准予媒體報導，期能激起日本人對美軍同仇敵愾的情緒，但對於船難發生的來龍去脈始終沒有釐清。

在這起船難中死傷的臺灣人沒有獲得任何撫卹，只能自認倒楣，既無法追究美軍的暴行，更無法獲得日本政府的安撫，就這樣默默葬身於大海之中。遭到船難而破碎的家庭，只能靠自己走過變故。更甚者，日本當局竟趁勢鼓吹臺籍倖存者或其遺族，積極加入皇軍，對英、美盟軍報復。

在皇民化的目標下，日本政府始終是以殖民者的心態對待臺灣。整起船難事件中，僅協助日本國民善後，至於臺灣人，冠上皇民的光環後就被推上前線，遭遇了炮火，便沉沒海底。

公視晚間新聞曾專題報導「一九四三年高千穗丸事件」，訪問遺族，回顧大時代動盪中的人物故事。

 《世越號之後》紀錄片的網址：www.afterthesewol.com。

南方紀事之浮世光影

兩個世代的大型船難，儘管都曾經被刻意封鎖消息，罔顧人權，但現代影視傳播的力量正致力解除封印。

臺灣導演黃玉珊的叔叔——名雕刻家及畫家黃清埕就是一九四三年高千穗丸船難的罹難者，因此她在二〇〇五年拍攝了電影《南方紀事之浮世光影》，改編黃清埕從日本學成返臺的真人實事，由林昶佐（閃靈Freddy）、張鈞甯、徐懷鈺、何豪傑主演。可惜該片雖然參展了日本幕張海洋電影節，並成為二〇〇五年高雄電影節開幕片，但叫好不叫座，也許是缺乏金城武、宋慧喬那樣一線的大明星卡司，所以無法像另一部臺灣大型船難事件電影《太平輪》那樣廣為人知。

《世越號之後》（*After the Sewol*）紀錄片則是由英國製片人尼爾．喬治（Neil George）和馬修．路特（Matthew Root）製作，於二〇一七年四月十六日船難三週年後在網路上供免費收看。誠如尼爾．喬治所說：

> 我不認為世越號事件會就此結束，它已經成為年輕世代學生的政治驅動力，並且加深這個世代與社會的連結性。十五、二十年之後，當我們回顧這件事，會發現這是韓國史上的關鍵時刻。

船難已成為歷史，不管是韓國世越號船難、臺灣日治時期高千穗丸船難，這兩艘出自日本大廠的巨輪都永遠無法駛達目的地。這兩次船難也給我們警示：公民必須覺醒，必須積極參與公共政策，必須投身改革行列，不要再傻傻相信政府的鬼話。這樣一來，死亡或許才能具有意義。

撰稿人：王惠鈴

| 國際脈動 |

大航海時代的東亞海賊王

認識官商盜三合一的鄭芝龍

鄭芝龍的地位，
用現代的詞彙形容，
就是手握軍隊的跨國企業總裁。

【當代新聞】

索馬利亞海盜自詡海岸防衛隊

印度洋—紅海—蘇伊士運河—地中海，這條航線是歐、亞之間最重要的海運途徑，否則便要繞過廣袤的非洲大陸，徒耗時間、人力、金錢。索馬利亞位於紅海出海口，緊扼航線咽喉，占據絕佳的地理位置。然而因為漁場枯竭、周遭國家的漁業競爭，經濟困蹇，以及更重要的——國內政治動盪，於是索馬利亞漁民武裝起來，幹起沒本生意，龐大的利益連不同政治陣營的軍隊都插足其中，暗地裡則有外國勢力介入。

索馬利亞海盜最轟動的案子，是二〇〇八年十一月十五日挾持油輪「天狼星號」。這艘油輪隸屬沙烏地阿拉伯國家石油公司（Saudi Aramco），船身長達三百三十二公尺，面積相當於三艘「尼米茲級」航空母艦，貨品連同船隻總價值約兩億多美金。

二〇〇九年一月九日，在收到三百萬美金贖金後，海盜釋放了油輪及船員。

部分出身漁民的海盜，認為自己是為了對抗非法捕魚、拖網漁船才被迫打劫，甚至自詡為「海岸防衛隊」。

十七世紀左右，東亞同樣也有海盜侵擾的情形，中、日流民互通聲氣，組成海盜，令明朝廷及日本幕府頭痛不已。這些海盜不僅在北起日本、南迄南洋的海運貿易網中雄據一方，還與西班牙、葡萄牙、荷蘭等國的武裝貿易商船角力。在這場海上競逐中，最終誕生了東亞海賊王——鄭芝龍。

鄭芝龍，福建南安人，小名「一官」，在歐洲文獻中，以「Iquan」（一官的閩南音拼寫）聞名於世。

我要成為海賊王

「人離鄉賤，物離鄉貴。」豐厚的貿易利潤，誘使許多人遠離家鄉，踏上了發財之路，用探險家的眼光來看，就是尋寶；用商人的角度來說，就是找商品——這兩個身分常常連結在一塊。除了陸地的絲綢之路、茶馬古道，當然也透過海上交通，連繫歐、亞貿易。

約莫從十五世紀開始，隨著歐洲開啟了大航海時代，歐、亞的國際貿易揭開了嶄新的一頁：軍商合一，用軍隊保護、支持商業貿易，再用貿易利潤來擴編軍隊。換言之，商人的背後是國家，歷史再往下走，就是帝國主義的殖民時代。

在這個歷史大脈絡當中，整個東亞航線曾經出現一代強人，他以福建為輻輳點，商船航行範圍北起日本，南到菲律賓、印尼。既跟本國（明朝）、外國（日本）政府打交道，又跟其他海盜打殺爭搶勢力範圍，還跟商軍合一的荷蘭、西班牙等西洋貿易商競合，最後竟然從海盜「漂白」成海軍，強盜穿起朝服成了官兵。在他勢力最強大之際，手下多達一、二十萬人，整個東亞航線都得掛上他的旗幟，才能保障安全無虞。而這麼強大的武力，「兵自給餉，不稟於官」，所有的支出都自負盈虧，不必伸手跟朝廷要錢索糧，可見這條航線獲利之豐厚，盡在一人之握。

他是鄭芝龍，東亞海賊王。他的兒子是鄭成功。

跟著白花花的銀子走

先就明朝的政策來說，從開國之初就反對海外貿易，「禁瀕海民私通海外諸國」，走向了內陸國家。雖然這是官方政策，但現實上難以完全杜絕海上活動，終於在明穆宗隆慶元年（一五六七年）廢止海禁——實際上，想出海還是得獲得官方特許。

就鄭芝龍生長的環境來說，他處於明朝中後期，約西元一六〇〇年前後，生於福建，家族鄉里子弟多有外出經商者。

就國際現狀來說，當時日本的政治環境不穩定，中、日的流民結合組成海盜，侵擾沿岸，一直令明朝頭痛不已。除此之外，西班牙、葡萄牙、荷蘭這一批新興的西方海權國家也爭相來到中國叩關，龐大的商業利益驅使他們一心想拉大中國的門戶，而這些西方國家之間也彼此競爭、甚至互鬥，用國家的力量撐腰，擺明了當海盜。

鄭芝龍就生長在這樣複雜的時代背景當中，年紀輕輕就前往澳門學習經商。當時澳門算是由葡萄牙人統治——葡萄牙人一心想跟中國貿易，雖然朝廷已經開了海禁，但考量到倭寇等原因，實際上管控甚嚴，對洋人尤其如此。但雙方又要貿易，怎麼辦呢？於是官府就睜一隻眼閉一隻眼，只要洋人不要上岸就好，讓他們去澳門待著。當然，當中也耗了不少銀兩打通關節。

鄭芝龍到澳門之後，參加天主教活動，取了洋名Nicolas（尼可拉斯），日後還把女兒許配給澳門的葡萄牙人，在當時來說，算是走在時代的風頭浪尖上。雖然鄭芝龍在澳門娶妻，但在澳門實在沒混出名堂，於是隻身前往呂宋（今屬菲律賓），當時這是西班牙的勢力範圍。

但鄭芝龍到南洋同樣沒有起色，隔了一陣子，又北上日本，轉到東洋去了，並且加入李旦集團，正式開啟了鄭芝龍的經（海）商（盜）生涯，命運大轉向。

李旦專營「海上武裝貿易」，跟長崎、平戶的權貴交好，用現在檯面上的話講，屬於旅日僑商。鄭芝龍跟在他的身邊，深受賞識，不但在李旦的安排下，再娶了日本人田川氏（也就是鄭成功的母親），也因此結識荷蘭商館。

沒過多久，他就被外派澎湖，接著又到臺灣，只是這次的身分很有趣，算是荷蘭人聘任的中國顧問，荷蘭人還在回覆公司的信件中表示：「我們接納了來自日本的一名通事，雖然給予優厚的待遇，但目前對我們沒有什麼用處。」

從福建，到澳門，轉南洋，上日本，至澎湖，入臺灣；接觸了明朝、南洋諸國、日本、葡萄牙、西班牙、荷蘭等各國勢力，能從這麼複雜的局勢中脫穎而出，少不了眼光準、身段軟、手段狠的人格特質——當然，想必也是一個多語人才。

鄭芝龍眼見白花花的銀子從眼前流過，心

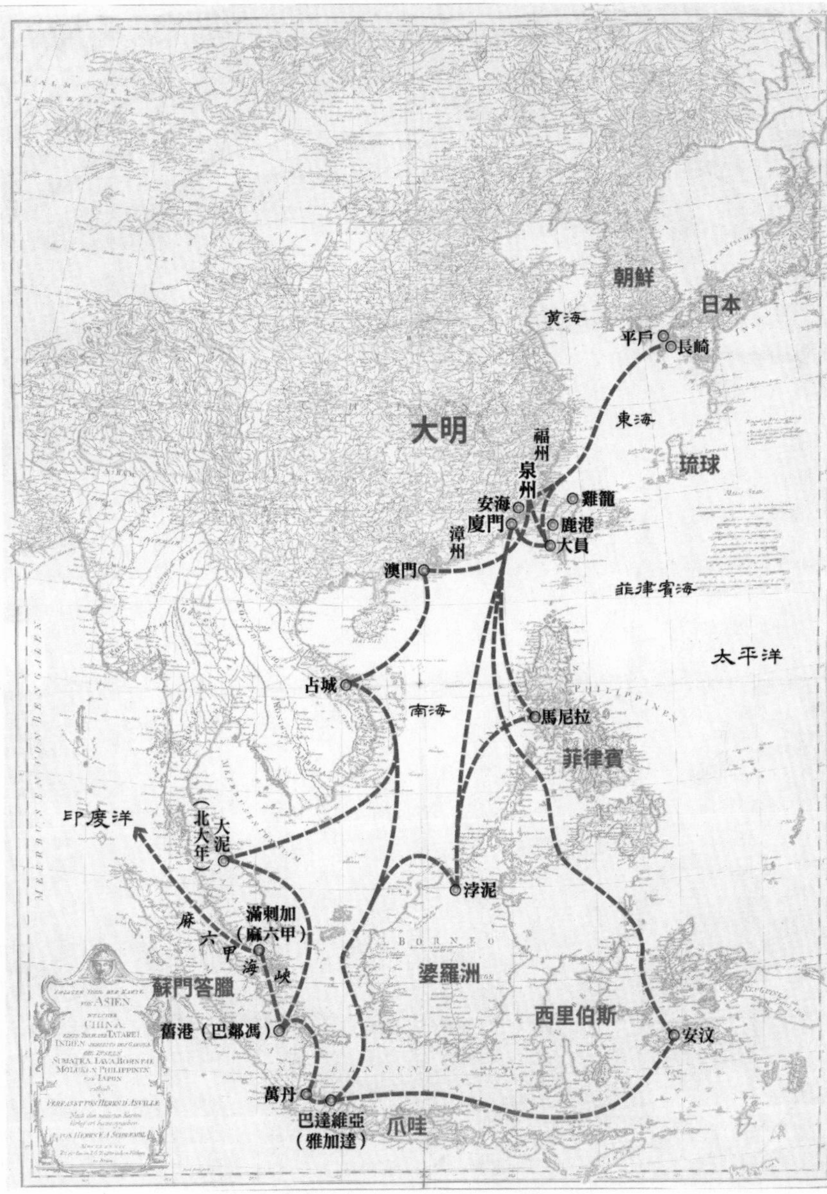

鄭芝龍海商（盜）集團貿易版圖。

一橫，乾脆叛變，私吞李旦的貨船，等李旦一死，立刻接收他的勢力。剛好這時福建農作歉收，於是他回鄉招兵買馬，「旬日間，眾至數千」，不但登陸進攻廈門、殺掉守將，回頭也與荷蘭人翻臉。荷蘭總督在報告上說：

> 中國海盜猖獗，在中國海上橫行霸道，將整個中國沿海的船隻燒毀，到大陸上搶劫。海盜們擁有約四百艘帆船，六至七萬人。海盜頭目一官（即鄭芝龍）曾在大員（指臺南）為公司翻譯，後來悄無聲息離開……一官長期以來與我們友好往來，以禮相待，但最終不加區別地對所有船隻予以攔截。

荷商（軍）雖然抱怨鄭芝龍無情無義，但其實自己也差不多，雙方不過是利益上的結合，以利交者，利盡則交疏；以勢交者，勢傾則交斷。反過來說，只要有利益，還是可以握握手——人前握握手，背後下毒手。

然而一代海賊，最後還是走上歸降朝廷的老路。

但這次歸降，可不是海賊故事的結局，而是進化——從海賊，進化成海賊王！朝廷命令鄭芝龍鎮守廈門海防，他也就順勢掃平其他勢力，官兵兼強盜，在掃蕩海賊之後（人家這時是官，其他勢力才是海賊），還登上陸地，掃蕩山賊。一時之間，稱霸海陸，在明朝搖搖欲墜的後期，一代強人鄭芝龍以福建為基地，鎮守海陸，相當程度上確保了貿易的豐厚稅收。在全盛時期，西班牙人甚至說：「中國皇帝能夠用從美洲運來的銀條建一座宮殿。」這句話後來還要加一個前提：這些銀兩得經過鄭芝龍手上，才送得到國庫。

海上霸主，宦海喪命

鄭芝龍的地位，用現代的詞彙形容，就是手握軍隊的跨國企業總裁，固然叱吒海上，但命運的風雲說變臉就變臉。身為一代海上霸主，為了鞏固自身的海權，也為追求自身的理念，終究踏上宦海，從強盜變官兵——合法的強盜。但也因為身在宦海，在明、清國祚更迭之際，一陣大浪打來就翻船了。

鄭芝龍在崇禎皇帝吊死煤山之後，起先還是效忠明皇室，陸續追隨南京的福王（弘光）、福建的唐王（隆武），但是南明小朝廷之間彼此不合、各自小朝廷內部又有權臣傾軋，一向眼光精準的鄭芝龍當然也得為自己的後路打算。

（好歹也是撐到）隆武朝覆滅後，鄭芝龍手上還有數十萬兵力，談判的本錢豐厚。在當時，許多明朝降將都得到清廷優渥的待遇，清廷許諾給鄭芝龍「南平王」的爵位，統轄浙江、福建、廣東三省。鄭芝龍就在弟弟（鄭鴻逵）、兒子（鄭成功）的反對聲中，踏上歸降之路。

為了釣上鄭芝龍這條大鯨魚，清廷可說是煞費苦心，清太祖努爾哈赤的孫子博洛親自勸降、多次邀宴，終於在鄭芝龍戒心鬆懈之際，把他關進囚車，押送北京。

這樣的做法，在戰術上固然是成功了，但就大戰略來說恐怕未必。鄭芝龍手到擒來，換來的是鄭成功抵死不從，清、鄭對峙數十年，千里沿岸盡受蹂躪。

相較於其他降將，清廷對待鄭芝龍的態度，無疑嚴酷許多——當然與他雄厚的勢力相關。鄭芝龍雄踞福建，雖然地處一隅，但實際上橫跨四海，富可敵國，軍商合一，用鄭成功的話來說，就是：

> 夫沿海地方，我所固有者也；東西洋餉，我所自生自殖者也。進戰退守，綽綽有餘。

翻譯成大白話，就是：我鄭家有地、有錢（沒講出來的潛臺詞還包括有軍隊），你能拿我怎樣？

所以鄭成功後續接著說，河北離福建這麼遠，清廷大老遠派軍隊來到底兵老師疲，浪費人力物力又打不過我，「虛耗錢糧而爭不可守之土」，不如罩子放亮一點，學學明朝，讓我鄭氏坐鎮閩粵，「朝廷享其利，而百姓受其福」——要我投降？「父既誤於前，兒豈復再誤於後？」

清廷、鄭氏，雙方陷入了進退維谷的困境，清廷不容眼皮底下養著這麼一隻猛虎，鄭氏一家善戰，兼之有地有錢有軍隊，真要對峙起來，恐怕就如鄭成功所說兵老師疲，何況水戰怕也不是對手。對鄭氏來說，掌門人受困京師，雖有少主繼起，但是行事終究有所罣礙，況且鄭成功起初確實也有心議和，未必真想與清廷殊死對抗。就像鄭成功所說：

> 我一日未受詔，父一日在朝榮耀。我若苟且受詔削髮，則父子俱難料也！

局勢風雲詭譎，鄭芝龍一代海上蛟龍，錯估了情勢，龍困淺灘。而他的處境，也就直接反映了清廷對待鄭成功的戰略態度：雖然起先將之囚禁，但後來順治皇帝對鄭芝龍仍保有相當寬待，把他的弟弟小妾兒子護送到京師團（軟）聚（禁），還封鄭芝龍為「同安侯」。

後來實在議和不成，鄭芝龍再度淪為階下囚。最後折衝的結果，就是鄭芝龍被流放到

【流放專區——寧古塔】

在今俄羅斯海參崴一帶，圖們江以北，烏蘇里江以東，鄰近日本海。滿語稱「六」為寧古，「個」為塔，所以寧古塔就是「六個」的意思。相傳曾有六兄弟分居於此，所以稱為寧古塔（六個）。這樣的命名方式，跟臺灣「九份」差不多。

這夐北之地，是滿人的起家厝。流放寧古塔，意謂帶到老家嚴加看管。但對漢人來說，這裡可以說是冰雪監牢。明末清初的詩人吳兆騫曾被流放於此，形容寧古塔「五月至七月陰雨接連，八月中旬即下大雪，九月初河水盡凍。雪才到地即成堅冰，一望千里皆茫茫白雪。」南方福建出生、大半輩子意氣風發的鄭芝龍，被關在這樣的冰雪監牢，想必心都冷了。

寧古塔。但朝廷又擔心寧古塔地近海岸，怕「賊船往來叵測」，所以在其手足加上三條鐵鍊，令兵丁嚴加看守。

鄭芝龍一定沒料到他最後的保命符，其實是順治皇帝。順治十八年（一六六一年），春，順治駕崩，康熙即位；五月，鄭成功立足臺灣，清廷、鄭氏長期對抗的局面形成；冬，東亞海賊王鄭芝龍及其子孫家眷十一人，斬於北京。

撰稿人：徐培晃

政令布達：遷海令

一代海賊王的殞落，相對地，就是國姓爺的崛起。

不論是海賊王或是國姓爺，都是大時代下的英雄人物。生在政權更迭的時代，他們不只涉足其中，更深深影響了歷史的走向——尤其是清廷的海洋政策。在軟禁鄭芝龍、對峙鄭成功之際，清廷施行了「遷海令」。

提出這主意的人，就是鄭成功帳下的叛將黃梧。在鄭成功與清軍對壘之際，黃梧叛變，將大批兵器、糧草、軍餉金銀獻於清廷，使鄭軍元氣大傷。黃梧甚至提出五條計策，用以逼降鄭成功：

一、沿海居民內遷三十里。

二、挖掘鄭氏祖墳。

三、清查鄭氏在中國各地的商務網絡。

四、沒收鄭氏的田產家財。

五、運用小船游擊的戰術襲擊廈門，讓鄭氏守軍疲於奔命。

除此之外，黃梧還多次諫請清廷快快殺了鄭芝龍，宣稱鄭成功之所以敢這麼猖狂，都是因為他老爸沒死，「誑謀罔上」。

當中影響最大的，就是第一點的遷海令。而這條建議後來也真的實現了，一時間中國沿岸數千里，「離海三十里村莊田宅，悉皆焚棄」、「嚴禁商民船隻私自出海，有將一切糧食、貨物等項與逆賊貿易者，……不論官民，俱行奏聞正法」，可說是把海外貿易等同於通敵。至於沿岸千里的居民內遷之後住哪裡、如何維生這些民生大計，在那個時代，就是一紙禁令，然後強制執行。你以為會有什麼緩衝期嗎？就幾天的時間，包袱款款，然後放火把田宅都燒了，一時之間無數百姓流離失所。

當然，所有的政權都擅長說一番好聽的話，官方說法是：「海逆不時侵犯，以致生民不獲寧宇，故盡令遷移內地，實為保全民生。」——為了怕你被強盜打劫，所以乾脆命令你搬家。

這條禁令，不僅影響鄭氏的政權、沿岸千里的百姓，乃至於日後將臺灣收入版圖之後

的百餘年間，清廷仍然在開海、禁海間反反覆覆。

撰稿人：徐培晃

| 國際脈動 |

灰姑娘哪裡人？
從唐朝筆記找線索

灰姑娘故事究竟是來自中國壯族？

還是越南？

或者是起源於西方呢？

【當代新聞】

從「灰姑娘」到「仙履奇緣」

好萊塢又翻拍經典童話了，二〇一五年最爆款的電影——《仙履奇緣》（*Cinderella*），女主角莉莉．詹姆斯（Lily James）的細腰，在電影未上映前就先引起熱議，許多網友、影迷紛紛指稱細腰是修圖修出來的，或是瘦餓束出來的，質疑好萊塢在螢幕前刻意營造出「不真實」的美感。飾演灰姑娘的莉莉．詹姆斯霸氣回應：「我十分健康且天生擁有纖腰。」

千百年不敗經典

很久很久以前，有一個可憐的孤女，疼愛她的父親去世後，後母與異母的姐姐對她百般虐待……。等等，停！這不就是灰姑娘仙度瑞拉（Cinderella）的故事嗎？

是的，這就是風行全世界的灰姑娘故事。一場皇室的舞會、一只遺留的玻璃鞋、一段尋遍全國鍥而不捨的浪漫愛情、一則麻雀飛上枝頭變鳳凰的傳奇故事，是多少青春女孩的夢啊！這是你我熟到不能再熟的故事，難道我們今天要重說一遍嗎？不不不，我們怎麼會講那些老掉牙的情節呢？今天要揭祕的是你所不知道的灰姑娘祕辛。

灰姑娘故事的最早文獻紀錄在東方，見於唐代段成式的《酉陽雜俎》續集「支諾皋．上」。且書中的灰姑娘名字還很中國風，叫葉限。什麼！難道電視裡演的都是騙人的？

灰姑娘不是金髮碧眼的阿兜仔美女，而是中國女神？

差矣！差矣！別這麼快下定論！灰姑娘的故事，全世界都有流傳，且各地的灰姑娘故事都不可避免沾染上地方的習俗與文化色彩，彼此形象各異。大約就像肯德基多年前在臺灣也賣白飯一樣，口味總要入境隨俗。當這個故事流傳到中國時，遇著了愛蒐奇獵異的段公子，便這樣迸出了新的滋味。段公子將聽來的葉限姑娘的故事，編入《酉陽雜俎》一書中。

中國版的灰姑娘故事出自段家來自邕州（今廣西南寧）的家僕（李士元）之口，據說娶了葉限姑娘的國王來自「陀汗」。陀汗即是古爪哇文贊詞裡的Tamihan、《唐書》裡的「陀洹國」，大約在今天印尼蘇門答臘一帶。

一千多年前的《酉陽雜俎》所寫的葉限姑娘參加的不是王宮裡的盛大舞會，而是壯族人每年一度的歌墟節。沒有富麗堂皇的閃亮亮水晶燈、奢華磨石地板與宮廷滿漢全席，只有摩肩接踵的男女、愈燒愈旺的烈紅篝火與染了五色的糯米飯。

壯族歌墟節，簡言之就是青年男女的情人節，在歌舞的歡樂氣氛助興下，壯族青年可自由挑選心儀的姑娘，並展開追求。

天啊！中國版的葉限姑娘，完完全全扼殺大家對童話故事的所有綺麗幻想啊！

別急，別急！剛才說過灰姑娘故事流傳甚早，地方的特色往往浸淫其中。以上的記載不過顯示灰姑娘故事曾流行於今印尼地區與壯民族之中，故事裡透顯著區域色彩而已。

灰姑娘究竟是哪裡人？

灰姑娘的起源問題，在民俗學界與語言學界有多種說法，常見的有幾種：一為中國壯族說，二為越人說，三為西方起源說。翻檢資料或相關學術論文，論點莫衷一是，真不知能信誰。

前文提及，因故事流布範圍廣，摻和著許多民俗節慶與地方名稱，並不足為奇。但你總會好奇，究竟灰姑娘是哪裡人呢？以我的語言學專業起誓，灰姑娘是膚如羊脂白玉的西方小姑娘呀！

詞彙年代學裡有個「核心詞」的概念。主張者莫里斯．斯瓦迪士（Morris Swadesh）曾在一九四〇—一九五〇年為印歐語系列出約二百字的核心詞彙。核心詞是語言中最堅不可摧的元素，甚至可在語言分派、分系時擔任最重要的工作。舉個例子來說，英語的 good（好）與 bad（壞）的比較級與最高級分別是 better、best ／ worse、worst，你難道沒有好奇過它們為什麼不是 gooder、goodest ／ bader、badest 嗎？以前英語老師會說，這是不規則變化，背起來就好。可在語言學家的眼裡，沒有任何一個詞或字的讀音是不規則變化，你以為它不符規則，其實只是你還沒有找出它複雜的語音變化過程罷了！現代英語的 good 與 bad 的比較級與最高級，實際上跟它相對的原型（good、bad）分屬不同詞根的詞。換句話說，現代英語 good、 bad的比較級、最高級與原型不是同一個來源，既然如此，為什麼要照著它的原型來加er、est呢？其實現代英語的 better、best／worse、worst，皆來自古日耳曼文的 batistaz／wersistaz。

形容「好」、「壞」的詞彙是非常基本、核心的用語，不太可能借用其他民族語言，所以即使現代英語有近三分之一，甚至三分之二的詞彙來自法語，但「好」、「壞」詞彙的音讀，還是讓語言學家決定將英語劃為與德語更相近的日耳曼語系（Germanic），而非法語的羅曼語系（Romance，又稱拉丁語系）。

莫里斯．斯瓦迪士所歸納的二百多個印歐語核心詞中，也包括了「灰」（英語ash）這個字唷！

主張灰姑娘故事起源於西方的學者楊憲益這樣說：灰姑娘一名起源為印歐語的「灰」（德語 aschen、梵語 asan、盎格魯薩克遜語 asecen、現代英語 ash），意指灰塵、塵垢。Cinderella 這個名稱則來自法語 Cendrillon。Cinderella 是由 cendre 和 souillon 兩個法語單詞合成而來。cendre 在法語中是「灰」，souillon 則是「賤人」的意思。我們可以觀察到法語的 cendre，相對於德語的 aschen，丟失了 as 等輔音。

中國版的「葉限」則大約是 aschen 或 asan 的音譯。「葉限」兩字，在唐代的古音讀為 jæp yæp（在此依據董同龢的中古漢語擬音），與印歐語的讀音頗為相合。如果覺得前面那一團歪七扭八的國際音標實在難以讀懂，你就用你熟悉的閩南語來唸讀葉限（iap han）吧，你會發現與現代英語的 ash 頗為相合哩！

民俗學家丁乃通則認為灰姑娘起源於中國壯族或是越人。他說廣西、廣東一帶方言，「葉限」讀為 yi han，為壯族的稱法。實際上，全世界現存語言約有六千九百種，依不同系屬分類方法，可分為若干語系，而漢語屬於漢藏語系。

yi han 是「葉限」的漢語古讀在廣西一帶的變讀。丁乃通的語音考證是站不住腳的。

再者，在印歐語系裡，灰姑娘故事出現的區域密集度高於遠東區。所以，最原初的灰姑娘，依然還是道道地地的白小妞唷！

玻璃鞋不是玻璃鞋

十九世紀版畫描繪了王子派出大臣為灰姑娘試穿玻璃鞋的情景。

最末，再補充一則語言小知識。灰姑娘當初參加舞會穿的鞋子，不是玻璃鞋（OS：狂跑起來，大概就碎了吧！）而是毛皮製的鞋。《酉陽雜俎》裡記載葉限姑娘穿的是閃亮亮的金履鞋，且「其輕如毛，履石無聲」。之所以訛傳為玻璃鞋，很可能源自語言上的誤會。

法語的松鼠毛（vair）音同於玻璃（verre）。而在十七世紀，蘇格蘭、愛爾蘭、加泰隆尼亞（在今西班牙）一帶，玻璃是罕見且珍貴的，於是，一六九七年法作家夏爾．佩羅（Charles Perrault）在記述灰姑娘故事時便訛誤（或改編？）為玻璃鞋了。

人們都愛童話故事，因為真正的生活總是那樣的蒼白與無奈，在故事中尋一個浪漫美好的夢，即使明知是虛假的，我們都享受那樣被矇迷的片刻啊！

撰稿人：彭心怡

兩千年前的跨國高速公路

現代人的生活離不開公路，要到近郊走省道、縣道，跨城旅行走國道，尤其是高速公路，拉近了彼此的生活空間。現代高速公路是德國人所發明，發明目的跟戰爭有關。然而，這個先進的道路系統，看在秦始皇統治下的大秦帝國眼裡根本不希罕，因為秦國早已擁有高速公路，而且還是國際性的！

這條高速公路，在秦國被稱為「直道」，從首都咸陽城為起點，一路向北通往九原郡（也就是今內蒙古包頭市一帶），總長七百多公里，沿著子午嶺的稜線而行，路寬約五十公尺，地基夯得非常厚實，以利馬車快速行駛。直道的終點就是長城，是當時與匈奴之間的界線，所以這條直道無疑是秦國的「國際通」。

為何秦國要修建直道？原因和德國高速公路一樣：軍事用途。地處西陲的秦國，在春秋戰國時期除了要防禦東方諸國的侵略，也得小心在西北塞外虎視眈眈的遊牧民族。所以秦始皇在統一天下之後，除了整合興建歷史上著名的「萬里長城」，另外也有相當多的配套措施，「直道」就是其中一項配套工程。直道的路寬，不亞於現代的高速公路，為了讓馬車得以快速行駛，路線少有彎道，也因此被稱之為「直道」。直道完工後，咸陽城的兵馬只需要三至四天，便可抵達前線；平時沒有戰事時，直道也能肩負著運輸往來的重責大任。

另外，秦始皇還修建了「馳道」，通往國內各地。馳道就像現在的鐵路一樣，有二條平行的軌道，軌道下有枕木——這一點倒是有別於今日的鋼軌。秦國剛統一天下，實施中央集權的郡縣制，為了讓中央皇權能有效掌握各地方的資訊消息，必須興建快速的交通系統，即是專為快速馬車設計的「馳道」。《漢書．賈山傳》曾提到秦國的馳道「東窮燕齊，南極吳楚」，也就是東抵山東、遼寧，南至兩湖、江蘇一帶，路寬約五十步，兩旁亦有植樹，與現代鐵公路常在兩旁栽植行道樹的概念完全相同。

所以，古代的公路遠比我們想像的發達，不但有高速公路，重要公路的路寬也和現代公路差不多。千百年以來，南北物資的運送皆仰賴公路系統為主，有許多城市因為處於公路要衝而發展起來，沿途也有不少旅舍、飯館以之維生，更因此衍生許許多多的故事，一直流傳至今日。

撰稿人：余風

武運拙き嘉義農林
全力を傾けて敗れ去る

【大阪電話】本社主催全國中等學校優勝野球大會第十七回は二十一日最終日を迎へ炎熱燃くが如き甲子園球場に東海代表中京商業と台灣代表嘉義農林との間に決勝の一戰が行はれた、力技ともに優勝の自信をもつ中京に對し嘉義の一刀を振かざし肉彈はせい壯を極め立するの余地もなく全くスタンドを埋め盡した、大觀衆は必死に攻め合ふ兩軍の奮戰にうたれ、感激のうなり聲は拍手と共にきらきら大觀衆のために擴く壯觀である、新戰とはいへその技をみる中京は制して進み三回の裏よく好機を逸せず四球を二點を加へたが嘉義はなほもつてへきえきせず立つて懷に飛込まんとするなど壯絶悲壯には涙し

中	0	0	2	2	0	0	0	0	A	4
嘉	0	0	0	0	0	0	0	0	0	0

輝を受けながら流石中京は鮮やかな好守に進退したが遂に榮光は東海軍に輝き、劇戰はこゝに中京ナインの勝利となつた、かくして優勝旗はダイヤモンドの中央に整列し中京軍が眞紅の大優勝旗と賞牌を、ランナース・アツプ嘉義農林には朝日賞をそれぞれ帝木會長から授與され、因本社長のあいさつに次いで國旗は優勝のナインによつて下ろされ村山社長の萬歳三唱で歡聲に終えんの幕は閉ざされた

榮光は東海に輝く
嘉義力戰苦闘の跡

台灣代表嘉義農林對東海代表中京商業の決勝戰は廿一日午後二時五分から審判梅田(球)鶴田、木上、川久保(壘)四君審判の先攻で開始▲ベンチコーチ(中京)山岡

▲第一回　嘉義中野第一球をねらひ遊撃手背後に飛球を打ちあげ中堅手に捕へられ蘇も第二球を遊飛一死となり上松は第一球を三壘に安打したが續く吳第一球を手前して上松を二壘で封殺す▽中京大鹿一ストライクを得たのみで壘に出たが恒川のバントは投手球となつて大鹿を一壘で直殺し井右翼前へ安打を放つたが鈴木前して櫻井を封殺す

【評】嘉義軍一氣攻落を策し好球を見逃さず打込みよき當りを見せたが中京の守備堅く、上松の安打ありしのみ、中京は待球に出で大鹿四球を利し嘉義の危機を思はれたが恒川のバント拙く飛球となり大鹿と共に併殺、櫻井の安打も鈴木の三補に終り好防ぐ【以上夕刊既報】

▲第二回　嘉義依然初球をねらひ東二飛、眞山捕邪飛、小里投飛▽中京村上四球に出で後藤が一度バントをファウルした後投手がまだプレートにあつて球を持つてゐる時二壘を盗まんとして遊撃手に投ぜられ一瞬の差でアウトとなり後藤三壘後の安打を放つたが杉浦の三補で封殺され、吉田遊撃手の右へ飛球して野手に捕へらる

【評】嘉義東以下凡打し中京村上四球を選んで再びチャンス來るを思はせたけれども後藤のバント失敗後村上投手の隙に二壘に スタートし吳のため二壘に刺殺さるこの際吳少しもあせらずプレートを右向りに外して投球せるは余裕あるプレイとして賞すべく中京これにより機會を逸す

▲第三回　嘉義川原一——後中堅前へ安打を放てば中堅手一壘でこれをアウトにせんと投球しその球すこぶる高かつたので一壘側ベンチへ入り却つて二壘を奪はれ嘉義好機を迎へ福島二壘の左へゴロを放ち二壘手の好守で一壘にアウトとなりその間川原三進したが平野三壘手の正面へゴロして遂き蘇2——2後空振して殘點となる▽中京吉岡三壘手右を抜くゴロを送り安打かと思はれたが遊撃手の好プレーで遮けられ大鹿二飛恒川1——3で遊撃手右を拔き中堅に達する安打を放ち櫻井四球を選び始めて二壘へ走者を送れば鈴木初球を三遊間に安打して恒川を二壘より還し鈴木は球が本壘へ送らるるを見て二壘を突けば捕手こゝへ高投したので櫻井も生還二點を先取しなほ村上三壘手右を拔く内野安打を放ちこの球を遊撃手が一壘へ送るを見て鈴木二壘より本壘を衝いたが一壘手の返球で間髮の差にしてアウトとなる

【評】中京村上の無謀なる一壘送球、捕手のバックアップを忘るゝ間に中堅安打の川原は二壘に入りこゝに嘉義は始めて機會を得好打者を迎へたがいまだ得點運なく遂けば中京は二死後に二點を擧げた、恒川の安打、櫻井の四球とつゞき鈴木の安打、

▲第四回　嘉義上松三振吳遊飛東二飛▽中京後藤四球を選び杉浦のバントは投手と一壘の間を拔きしかも二壘手は一壘をカバーせるため内野安打となり後藤一氣に三壘を占め杉浦直に二壘を盗み無死にして走者二三壘を占む吉田一飛に倒れたが吉岡打者のときの第一球は著しく低く捕手前でバウンドしたので止めかね後方ネットまで逸し去り後藤杉浦勞せずして還り二點を加ふ

2——3後四球を選び恒川右翼前へ安打して一死後恒川の櫻井投飛して吉岡を本壘で封殺、鈴木二飛してやむ

【評】吳投手の稍にてカーヴのコントロールつかず四球を出すもの三、二壘手のバント守備を過るありワイルドピッチを加へて中京二點を加へ嘉義軍いよいよ苦戰に陷る中京吉田は轉送投球さへて嘉義攻撃に惱む

▲第五回　嘉義小里、川原共に三振、福島の三補は三壘手一寸つかみ損ぜるためセーフとなり平野の三補は再び三壘手ファンブルした

捕手の二壘高投があつて嘉義無念の守備

初陣の中京は過日華々しく戰ひ早實、秋田、廣陵、松山の諸豪を屠り遂に嘉義軍を一蹴して堂々たる優勝をかち得た名門愛知一中が覇局頭にがい歌を奏して以來の快事にして殊に新進の擧げたる偉業はかくくとして内目に輝くものといはねばならぬ更に其戰績を究めれば廣陵、松山の如き強豪と中京の如き攻守はその試合なれと共に選手のもつ物を討止めあらゆる力を十二分に現はして剩す所ないのは其優勝の一層輝けるものとした吉田、櫻井のバッテリーを始め内外野の堅實はその試合なれと共に選手のもつ物を討止め

その強力ある球は恐ふまいに制球され廣陵、松山の如き健棒を有するものにあつてすら如何ともすることが出來なかつた、選球に加ふるにブレーキあるカーヴは彼の底完璧を以てしその眞價を發揮し早實に苦戰せる以外完勝に次ぐに退使合強敵を迎へて少しも臆がすにもつとも重きをなすものであつたのみならず投手吉田の好投は中京の優勝の如く打者を脅かし回の後半過更強味を増し試合後半に入れば中京は全く吉田の投球を信頼して守り得た、この強味は味方得點の少なき場合にあつても全軍を勵まし勝に進み得るの便宜を與へたといむるとなくいうとして決勝戰ひ得るであらう、これに大鹿、村上、鈴木の如き外野陣に恒川以下守備力を誇つた外野陣に恒川以下守備力を誇る内野は過投けてこれといふブレ

台灣の健兒

【總評】飛田穗洲

に爽り、目にあまる全く嘉儀のふさましし奮戰ある諸チームを、鬪は何人もこれはおかぬであらう、嘉義はあり台灣の野球を示しへたる功勳は偉大なるものであつた、然しスピードとカーヴとを武器として連勝したの速力あるストレートよりもカーヴにコントロールしたけれども彼には決勝戰に全力を發揮し得なかつたと思ふ、この日

小倉戰に全力を發し

是はラヂオを通して野球は放送される限り、しラヂオで聽く野球に現はる野球は劇的、ラヂオではユある、ラヂオではユこれや選手の顏を浮べどは目につかないが子達は選手の眼に浮ぶてどんな凡失でも決れない氣持が先に立つ

し梁跡

死者は死者を呼び
遂に匙をなげる
安平運河投身自殺防止

【臺南】立札か警察ぐらゐがオチか

臺南運河
本島人男女
情死遇救

台大調查

半數洗碗精 含致癌甲醛

台大調查

……瑜/台北報導

……大學環境衛生研究所一項研究調查，隨機抽驗……的市售80件食品用清潔劑（洗碗精、蔬果洗潔……，結果半數含甲醛，甚至有產品被驗出濃度高達……91ppm；由於甲醛屬人類致癌物，專家警告，若長……觸使用，恐引起鼻咽癌、結腸癌、腦瘤等疾病。

……公衛學院環境衛生研究所……詩偉帶領研究團隊，針對……所販售的洗碗精進行甲醛……析，發現半數竟然都驗出……這項研究結果已發表於《……醫學誌》。

……保標章規定不得含有甲醛，且其檢出含量應符合管制限值（小於15ppm），但由於標章屬於業者自發性申請，無法完全規範到所有廠商，國內目前也僅有少數業者申請；至於衛福部的「食品用洗潔劑衛生標準」，則並未針對甲醛或會釋放游離甲醛物質進行規範。

……劑遇熱釋放毒氣

……偉說，市面上的洗碗精……多，多達3百餘種不同產……究團隊隨機抽驗其中的80……

已故毒物專家林杰樑曾撰文警告，甲醛是生活中常見、無色易溶的刺激性氣體，可經呼吸道吸……

食藥署：沒直接吃下肚

廖珮妤、許瀚分/台北報導

食品藥物管理署委託台大公衛學院……甲醛含量調查，市售半數產品含不同……員表示，目前先蒐集資料，了解洗碗……風險，由於清潔劑會以大量清水洗滌……肚，因此暫不訂限值，未來若須訂定……究與風險評估，並參考其他國家作法。

甲醛雖為一級制癌物，但食品清潔……，僅中國大陸有100ppm限制。食藥……正鄭維智表示，其餘各國皆未訂定限……為洗潔劑並非直接吃入或吸入，對人……像化妝品、指甲油直接擦在皮膚上，……我國洗碗精若要有不同規範，則需有……

鄭維智表示，經過清洗後，甲醛殘……且被民眾吃下肚的機率不高，目前也……求業者送驗、標示。提醒民眾應適度……來說，不可直接擠在碗盤或菜瓜布上……裝、加水稀釋。至於蔬果洗潔劑，畢……十分後都是水沖掉的，無需特別再使……

總

我民主社會事

文創轉型 團體制服訂做也可以「很潮」

文／王儒哲 圖／衣的藝術

來到衣的藝術門市，第一時間你可能會有點不知所措，因為，這裡一點也不像是任何一間團體制服訂做公司，走進去看到幾張質感木桌、幾台mac、幾位設計師正在飛快動腦，抬頭一看，一整面的團T藝術牆，很可能會讓你誤以為來到什麼服飾潮店，或是文創咖啡店，但仔細一看，衣架上掛的團體制服，都是國內赫赫有名的大型企業團服。

衣的藝術執行長魏蓉（見圖）說，當客戶帶著想法前來，業務只能夠負責談價錢，但客戶最重視的還是想法到底能不能實現，與其隔著一道牆溝通，不如不要那座牆，讓設計師直接面對客人，才能夠真正讓每個客戶完整傳達出自己的想法。

網路時代來臨，產業面臨全球化競爭，一家位於台灣南部的團體服訂做店面，憑藉著對設計的堅持與熱情，展開全面化轉型，不僅打出全店無業務，也是設計師接待客戶的口號，甚至斥資千萬元將北、中、南3家店面全面改裝成設計感強烈的潮店，從文化創意再出發，「衣的藝術」走出一條自己全新的道路。

新舊聞

社會萬象

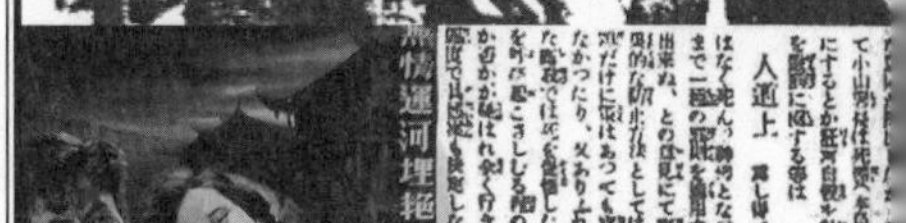

有錢的未必是大爺

兼談明代的樂籍制度與妓女戶

當娼妓把初夜交給第一位客人時，要辦盛大的筵席慶祝一番，
取得「初夜權」的嫖客會成為妓女名義上的夫婿，
這件事必須呈報給上級知道。

【當代新聞】

臺南最後風月史正式落幕

夜巴黎，原本是臺南僅存的合法妓女戶，二〇一五年十一月已悄悄熄燈。一九六〇年開業時，當時負責人才二十九歲，而今她年事已高，根據《管理娼妓自治條例》規範：妓女戶不得招募新人，營業牌照及公娼牌照不再續發，如今「夜巴黎」收業，府城公娼正式走入了歷史。

過去臺灣各地都有公娼寮，隨著時代、環境改變，盛況已然不再，且因公娼館不准過戶或遷移，一旦經營者過世牌照就會失效，加上從業人員平均年齡都超過五十歲，公娼於是逐漸凋零。

娼妓由國家管理

臺南風月場所的誕生可追溯到清朝，原本集中在中西區的西門路、民族路口，日治時代遷移到「新町」大智街一帶。新町是比照日本銀座特區所規劃，日本人為了統一管理娼妓並阻隔花柳病，實施公娼制度，規定在新町內的娼館需申請營業牌照，並將私娼註冊為公娼，當時入夜一片燈紅酒綠，鶯聲燕語不斷。有趣的是，客人並非有錢就能一親芳澤，而是由妓女來選擇恩客。新町妓女會端著菸盤，遇到中意的客人就請對方抽菸，表示有意進行「下一步交易」。當時也曾發生名妓陳金筷與客人因戀情受阻，雙雙跳運河殉情的愛情悲劇，這還是臺南運河自開通以來，第一樁男女同時跳河自殺的案子，據傳兩人投河時褲帶還綁在一起，轟動一時，後來被改編成電影《運河殉情記》與《運河奇緣》。

日治時期府城西門町最知名酒樓就屬「寶美樓」，建於昭和九年（一九三四年），樓高四層，為當時最高建築之一，也是數一數二的風月場所，現為婚紗館。

講到娼妓為愛殉情的例子，在明代還有一例。明代藩王朱有燉所寫的雜劇《劉盼春守志香囊怨》，便是以封地內娼妓與文人的真實愛情故事為題材，根據梅鼎祚《青泥蓮花記》所載：「異事在宣德七年，周藩誠齋（即周王朱有燉，號誠齋）為傳奇曰《香囊怨》。」可知此劇改編自明宣宗宣德七年（一四三二年）所發生的社會事件，而故事女主角劉盼春便是樂戶中的女子。明太祖朱元璋在分封皇子時，會賜樂戶給諸藩王，因此在朱有燉的創作中，有不少描述當時的樂戶制度與樂戶女子的悲歡離合，像是《劉盼春守志香囊怨》、《蘭紅葉從良煙花夢》、《宣平巷劉金兒復落娼》等劇，都能看到對樂戶生活職事的描述。

所謂「樂戶」，是指娼優、樂工等藝人的戶籍。中國早期的妓籍制度由國家統一管理，北

朱有燉為明太祖朱元璋第六孫，在中國戲劇史上占有一席之地，所作三十一種雜劇保存至今，是存世作品最多的雜劇創作者。

魏時把強迫入樂籍當成懲罰手段，因此樂籍大多是從罪犯家屬、買良為娼、奴隸而來，明代也不例外。在樂籍者即為樂戶，屬於賤民階層，不管是婚姻、考試權與服裝都受到層層限制，樂戶中的女性往往兼充娼妓（官妓），且一旦淪為樂戶便世代相襲，很難翻身。

明太祖建國之初曾在秦淮河畔設立國營妓院——富樂院，由政府管轄，每月收入都繳進國庫。在北京與南京另設有教坊司，其他地方的妓院則由各地方政府治理。除了國營妓院之外，也有私人經營的妓院——市妓，因朝廷設有「花粉捐」、「花粉稅」（娼妓稅），鴇母或龜奴必須向政府納稅，以取得妓院的經營權，妓女則受鴇母或龜奴支配。政府透過稅收來間接管理，並增加國庫收入，此種課稅制度相當於今日的牌照制，也與日治時期管理妓業的模式有異曲同工之處。

藩王筆下的愛情悲劇

明代樂戶發達，政府制定了各種規範來限制娼優，就連婚姻也有嚴格限制，如《大明會典》規定官員不能娶樂人為妻妾，亦限制樂人不能娶良人為妻妾，否則處以刑罰，婚姻在法律上也是無效。樂戶平時由教坊色長管理，遇到需要裁斷之事，就由色長出面定奪，即使是妓女要與嫖客度過初夜，也要向色長呈報。《劉盼春守志香囊怨》中書生周恭要與妓女劉盼春度過初夜，老鴇在收下周恭所送的財禮後，便說：

> 收下這些東西罷，我的箇黃花女兒，與了你梳攏。明日只要你做一箇大大的筵席，收拾了後房，招這周生做女婿。我去尋丈夫劉鳴高與他說知，遞箇狀兒與色長。

娼妓與嫖客度過初夜叫「梳攏」，當娼妓把初夜交給第一位客人時，要辦盛大的筵席慶祝一番，這當然是妓院敲詐嫖客的手段之一。取得「初夜權」的嫖客會成為妓女名義上的夫婿，這件事必須呈報給上級知道，因此老鴇要求丈夫將初夜之事稟告給色長。

後來劉盼春與周恭相戀之事，遭到周恭父親強烈反對，禁止二人往來，劉盼春立誓為情人守貞，老鴇卻硬逼她另嫁富商，她為了堅守誓言選擇自縊身亡。在她死後眾人將遺體火化，卻發現其香囊中裝著周恭所贈的錦箋，錦箋經火焚燒依然完好如初，眾人莫不感到驚奇。周恭在知道此事後悲痛萬分，要求迎回劉盼春的骨灰，劉盼春的父母卻不敢作主，告訴他此事要稟告色長，由色長判了從良文書，才能讓他迎回骨灰。從以上敘述可知，古代的娼妓（尤其是官妓）往往身不由己，不只活著的時候不能自主，連死後也不得自由。

誰說歡場無真愛

另一齣改編自洪武年間真實事件的《蘭紅葉從良煙花夢》雜劇，則講述了娼妓蘭紅葉落籍從良的經過。朱有燉自述：

> 洪武辛酉，河南楊武妓蘭氏適人不辱，與夫終老，愍其志為作傳奇。

明白表明因感佩娼妓節操才據以創作。故事敘述娼妓蘭紅葉與客人徐翔相戀，但老鴇嫌貧愛富，逼迫蘭紅葉另嫁富商，於是蘭紅葉特地寫了一封狀書告官，希望向官府討個從良文書，以便脫離樂籍，嫁與徐翔為妻。官員看到訴狀後憐憫蘭紅葉的貞節烈性，特許她從良，讓徐翔與蘭紅葉二人結為夫婦。

這則故事說明了古代樂戶不能隨便與良民通婚，娼妓大都嫁給樂人，若想嫁給普通良民，得要官員為其除去賤籍，才能與普通百姓通婚。

有趣的是，朱有燉身為藩王貴冑，卻喜歡以妓女為創作素材，筆下的娼妓大都性格貞烈，不愛富商只鍾情於才子，也不貪戀權勢財富，甚至為了堅守愛情能以死明志，展現崇高的道德情操。但若深入來看，其實朱有燉並非只是單純歌誦愛情，從自敘或引文中便能明瞭其創作動機：他在讚賞這些煙花女子出淤泥而不染之餘，也企圖塑造令人欽佩的道德典範，為社會中的娼妓或婦女樹立榜樣，達到移風易俗的教化目的。

有時娼妓會說自己賣藝不賣身，但人在風塵中豈能盡如人意，多數應是有意藉此提高身價。

愛情是永恆不朽的主題，名妓與恩客因身分地位或家庭因素導致戀情受阻，選擇殉情或私奔的故事自古多有，常成為小說、戲曲或電影的創作養分，不論是朱有燉的《劉盼春守志香囊怨》、《蘭紅葉從良煙花夢》，還是改編日治時期名妓與客人跳運河殉情的電影《運河殉情記》，男女為情所苦的題材最能賺人熱淚，也讓人格外感慨真實人生比戲劇來得更加曲折。

撰稿人：鐘文伶

明、清酒店小姐排行榜

提到府城的風月文化，絕不能遺漏「赤城花榜」。一九〇〇年冬天，《臺灣通史》的作者連横舉辦了一場名為「赤城花榜」的活動，「赤城」是指臺南，這是一次專為風月女子所設的選美比賽。「赤城花榜」的第一名是由「真花園」李蓮卿所奪得，李蓮卿登上花榜時還未成年，卻因花名遠播強遭嫖客汙辱，十六歲時便香消玉殞了。連横與一批文人知道後，還為此事寫詩弔念，編成一本《悼蓮集》。此事記載於一九一一年二月二十七日的《臺灣日日新報》。當時連横寫了一篇〈蓮卿小傳〉，文中提到李蓮卿是臺南人，父親是拳師，因家中貧困被賣入勾闌（風月場所），「年十五，風姿曼妙，楚楚可憐」，在成為花榜冠軍後，老鴇強迫她接客，她百般不願卻因「醉而汙之」，事發後眾姐妹皆恥笑她，她因此憔悴自傷。之後雖有一富家子願以千金幫她贖身從良，但她的父親卻不肯，不到幾個月李蓮卿就過世了，結束坎坷的一生。

關於風月女子的「選美活動」，不是只有日治時期才有「花榜」，明、清兩代也十分盛行。明嘉靖年間曹大章創辦了蓮臺仙會，集結許多文人品評諸姬，是「花榜」的萌芽時期。之後曹大章又作《秦淮士女表》，判別妓女的色藝才情，並劃分等級，設有女狀元、榜眼、探花、解元以及女學士、太史等名銜。

到了清末民初，上海成為嫖客花錢取樂的聚集地，嫖客捧妓之風極盛，而花榜的規模之大、次數之頻繁，也是全國之冠。在十九世紀七〇到九〇年代，是上海花榜的第一階段，主要由文人名士主持，品評時仍以詩詞或評語為主。由於這類花榜主持人平日以逛妓院為消遣，以作詩填詞為風流，因此保留往昔文人品評妓女的風雅之氣。當時的花榜有「美色」與「技藝」之區別，故又分為「豔榜」與「藝榜」。

其後到了二十世紀初，是上海花榜的第二階段，這時花榜改由娛樂性、消遣性的小報主持，有點類似於今日的《花花公子》（*Playboy*）。光緒二十二年（一八九六年）李寶嘉在《遊戲報》首開評花榜、捧妓女之風，得到「小報界鼻祖」之稱。當時是由誰來品評妓女呢？主要是由涉足妓院的嫖客投函推薦，小報根據推薦函的數量與輿論來開榜。此時仍保有「豔榜」與「藝榜」之分，但「豔榜」的奪魁者仿照科舉制，有狀元、榜眼與探花等名次。

一九〇〇年的「赤城花榜」活動，可視為前朝流風遺韻。

事實上，歷代的花榜不只是風流才子的產物，也是讓妓女聲名大噪的廣告，甚至還被當時嫖客視為流連風月的「入門書」或「導覽手冊」。

撰稿人：鍾文伶

| 社會萬象 |

到處都是假和尚與偽尼姑

評點明代的宗教亂象

僧道求財索食，沿街塞路，
張掛天神佛像，擅言禍福，
以蓋造寺觀為名，務圖肥己，
飲食酒肉，宿歇娼妓，無所不為。

【當代新聞】

出家人竟然大碗喝酒、大口吃肉？

日前一名比丘尼手戴寶石、名牌手錶，在嘉義一家日本料理店喝酒吃肉，該名頭上有戒疤的比丘尼本應戒葷腥，對於自己破戒的行為，自有一番解釋，表示自己並未禁口，而是修心和修口。但比丘尼點了滿桌佳餚，事後卻不想付帳，店家只好報警處理，比丘尼才付錢了事。

根據警方調查，該名比丘尼也曾在高雄吃霸王餐，並與店家發生衝突，出家人破戒與吃霸王餐的行徑引發爭議。事隔沒幾個月，該名比丘尼又被網友發現現身新竹市區，身著袈裟之外還穿金戴銀在城隍廟附近化緣。警方找到這名比丘尼進行關切，已提醒她勿用不當手段獲取利益。

《華嚴經》云：「戒為無上菩提本。」戒律是宗教的基本精神，出家人「守戒」是為了防止惡行，減少世俗情事的煩惱，進而專心一意於修行。佛門弟子須「守五戒」，「五戒」可說是一切佛戒的根本，包含了不殺生、不偷盜、不邪淫、不妄語、不飲酒，然而現今社會時有傳聞宗教人士開著跑車爭馳，甚至破壞戒律，真不知道其修行的精神何在。

若我們回顧幾百年前的明朝中期，也會發現當時因興起了宗教世俗化的洪流，僧侶作奸犯科的事件屢有所聞。出家人不守戒律，古今對照竟如此相似。

文學反映真實，宗教日趨下流

明初對宗教門風本有嚴格限制，到了明中葉以後，僧侶卻已不在寺裡專心修持，反而任意出入公卿之門，甚至喝酒吃肉、娶妻生子，還出現闖寡門、嫖娼妓等情形。

《神宗實錄》中曾記載禮部題奏：「異端之害，惟佛為甚。」當時社會上宗教犯罪的事情層出不窮，文人不免將所聞所見寫入小說或戲劇中，如《三言》、《二拍》，或是沈璟、黃方胤與傅一臣的劇作，都曾以宗教人士汙衊神佛、觸犯清規的事跡為題材。事實上，文人似也有意透過作品針砭世俗，揭露當時宗教制度的弊病與社會亂象。

在中國歷史上出家為僧的帝王沒幾人，明太祖朱元璋因幼時貧困入皇覺寺為僧，對宗教的弊病有深刻體悟，在建立明朝後採取「僧俗隔離」的政策，設立各種律法來限制宗教發展，重罰敗壞信仰的僧侶，整頓元代以來的宗教亂象，因此明初的宗教人士大都能恪守清規。然而隨著禮教制度的崩壞，社會風俗的轉變，到了明中期，社會已是「上以淫導，下亦風靡」，加上經濟蓬勃發展，早就形成崇尚奢華、縱情聲色的風氣，和明初樸實的文化心態大不相同。且太祖之後的皇帝多半崇尚方術，對宗教人士多所禮遇，對寺廟道觀也多方贊助，更有不少和尚道士藉此加官晉爵，使得朝政大為敗壞，這些現象在文人創作中都可看出端倪。

明代小說或劇本中除了描寫僧侶因無法抵擋欲念而做出犯淫偷情的勾當之外，也記錄不少僧侶犯下偷盜殺人的惡行。如孟稱舜的《死裡逃生》敘述西山寺僧人了緣、繼緣等人為非作歹，將女香客囚禁在密室，無意間被住在寺中養病的刑部郎中楊宗玄窺破，了緣和尚怕事跡敗露，欲殺人滅口，幸好楊宗玄破屋脫逃，回到衙門後派人逮捕惡僧，將其斬首示眾。劇中僧人因覬覦女香客姿色，在寺院裡設計密室以避人眼目，更利用婦人蒙羞後不願吐實的心理，逞其獸欲，整起事

《死裡逃生》版畫：僧人囚禁女香客於密室中，無意中被男主角所窺破。

件已不僅是個人的犯罪行為，更是一宗集體犯罪，僧眾的惡行令人髮指。

佛門淨地，藏汙納垢

跟前朝相比，明代的出家人數有增無減。當時僧侶具有稅糧全免、可躲避差役勞動等特權，於是寺廟便成為亡命之徒躲避查緝的方便法門，有不少罪犯躲入寺廟之中，使佛寺成為藏汙納垢之地。

罪犯假借寺廟為掩護場所，古今皆有，二〇一六年在中國安徽鳳陽龍興寺就爆出一件舉界譁然的新聞，龍興寺的住持釋廣聞法師在辦理出國手續時，被警方發現他原是逃亡十六年的殺人犯。釋廣聞俗名本為張立偉，二〇〇〇年在黑龍江殺人後逃亡，他從黑龍江逃至安徽，改名為孫洪濤，並在安徽九華山出家，輾轉兩間寺廟後，最後在龍興寺扎根。釋廣聞從掃地僧一路當到寺廟住持、佛教協會會長，成為當地佛教界頗具影響力的人物，日前因辦理出國手續而被發現案底，隨後警方透過人像比對技術，證實他就是殺人犯，將其逮捕歸案。

歹徒藏匿於佛門淨地乍聽之下駭人聽聞，但其實古已有之，《西湖遊覽志餘》便記載宋代一起惡僧誘拐婦女、殺人滅口的社會案件：有一士人偕妻至杭州探親，丈夫告訴妻子：「我去借轎來迎汝，我或不來，當令轎夫持紫衫來為證。」不久果有一轎攜紫衫而來，妻子不疑乃登轎而去，轎子卻進入一佛寺中，有位少年告訴婦人：「官人在此。」婦人隨之而入，少年摘下頭巾，卻是僧人！婦人驚呼，僧人「以刃挾止之，復引入一土窟」，婦人在內室還見到多名良家婦女被囚禁於此。後來有三、四名女子趁亂逃脫，並將此事告官。當官府將惡僧逮捕歸案時，發現被拐騙的女子不知所蹤，僧眾坦承「引出皆殺之，瘞（掩埋）於寺後」，後果真挖掘出三十餘副屍骸。

不僅如此，蒐集明代朝野史料掌故的《菽園雜記》也提及京師一帶尼姑的惡行：

又聞永樂間，有圬工修尼寺，得纏帽於承塵（天花板）上。帽有水晶纓珠，工取珠賣於市，主家識而執之。問其所從來，工以實對。始知此少年竊入尼室，遂死於欲，屍不可出，乃肢解之埋牆下。

記述永樂年間某少年因潛入尼寺，事跡敗露招來殺身之禍，屍首被肢解掩埋於寺牆之下。出家人講求慈悲為懷，廟方卻私下動用極刑，事後還毀屍滅跡，殘酷手段令人驚駭。

明代中期以後，宗教人士肆行不法有愈演愈烈之趨勢，不少作家以此作為創作素材，如沈璟的劇作《起復官遘難身全》便是以惡僧綁架官員為背景，描述某寺僧眾看見路過官員面貌姣好，宛如一尊彌勒尊佛，便用麻藥將官人迷昏致啞，數月之後還將官人披上袈裟充當活佛，以騙取民眾布施。信眾以為活佛降世趨之若鶩，驚動了州官，州官將活佛恭迎回家，無意間給假活佛喝水，官人因而甦醒過來，這才揭露了惡僧的詭計。該劇敘述出家人為了滿足自身的貪欲，以宗教名義斂財，設計綁架朝廷命官，更以迷藥限制其行動自由，還利用僧侶形象掩護，欺騙無辜的善良民眾，蘊含了複雜的社會意涵與混亂價值觀。

惡僧、妖道、淫尼

除了惡僧，明代也有一些描寫尼姑犯罪的

作品，同樣反映社會實事。這些尼姑除了與一般男子、和尚通姦外，甚至有部分尼姑會擔任淫媒，如傅一臣《截舌公招》的蘊空女尼便是一例：蘊空女尼假借宗教名義收取不義之財，更與壞人狼狽為奸，先誘騙女香客前來佛寺，再以藥物將其迷昏。獨孤娘子到佛寺參拜，本被女尼設計迷昏，幸賴神明庇佑逃過一劫，返家後將此事告訴丈夫，丈夫遂設計將惡徒逮捕歸案——該劇毫不掩飾地戳破了宗教道貌岸然的假面紗。

寺廟或尼姑庵會成為犯罪場所，乃是因寺廟、庵院不僅是社會活動的開放場合，更是普通婦女得以自由進出的空間場域，加上尼姑能自由出入普通人家、女眷閨房，僧侶則是在寺廟中接待來來往往的民眾，才使得不肖之徒蓄意以身分與地利之便來掩飾其犯罪行為，進行非法勾當。

以上諸劇與文人筆記，皆印證明儒余繼登《典故紀聞》所云：

（在京）寺觀動至千百，僧道不可數計，求財索食，沿街塞路，張掛天神佛像，擅言禍福，以蓋造寺觀為名，務圖肥己，飲食酒肉，宿歇娼妓，無所不為。

明代中後期無數出家人假借佛法之名，做出圖利自己、破壞戒律的行為，如貪求財物、吃葷喝酒、嫖妓宿娼，並以宗教為名，試圖欺瞞廣大群眾，也正因為當時僧侶的素質良莠不齊，作奸犯科的案件層出不窮，文人才會以現實生活為基礎進行創作，對當時的宗教亂象進行深刻的諷刺與反省。

話又說回來，你不覺得這些諷刺與反省，似乎也適用於今日嗎？

撰稿人：鐘文伶

｜社會萬象｜俗話形容愛搬弄是非的婦女為「三姑六婆」。三姑是尼姑、道姑、卦姑，六婆是牙婆、媒婆、師婆、虔婆、藥婆、穩婆。

| 社會萬象 |

連戰家族的歷史陰影

關於一場毒品／禁藥的爭議

連橫主張臺灣因為風土氣候的關係，

居民不得不吸鴉片，

就跟俄羅斯人愛喝烈酒、南洋居民多吃辣椒一樣？

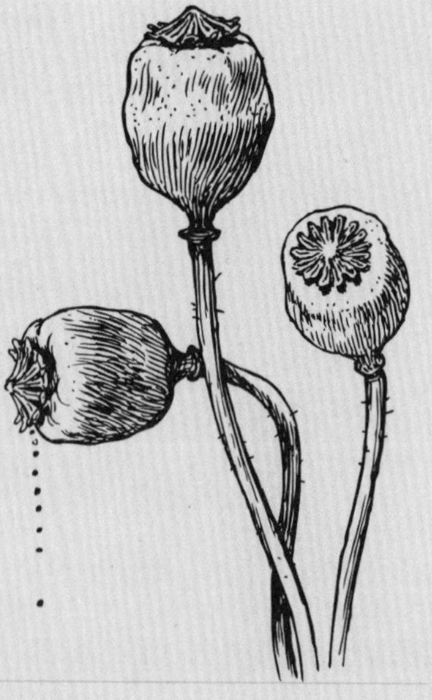

【當代新聞】

連惠心代言保健食品疑含禁藥

前副總統、國民黨前主席、兩次代表國民黨參選總統均告失敗的連戰先生，他的女兒連惠心所投資的菁茵荖生技（今改名百利生國際公司）旗下「威力纖」系列產品被檢驗出含禁藥西替利司他（Cetilistat／ATL-962），遭臺北地檢署以違反《藥事法》偵辦。

「西替利司他」在美國、日本尚屬臨床實驗的肥胖症治療用藥，有稀便、大便失禁、排便頻繁、脹氣、抑制脂溶性維生素與其他食品的吸收等副作用，在臺灣並未許可實驗或販售，屬於禁藥。

富甲一方的臺灣公務員連戰，他的女兒連惠心所投資的生技公司捲入禁藥風波；無獨有偶，連戰的祖父連橫，曾發表「鴉片有益論」喧騰一時。連氏家族先後因毒品／禁藥，搏得新聞版面。

從嚴禁到漸禁：殖民政府的鴉片政策

早在清領時期，臺灣就有吸食鴉片的問題。在簽訂《馬關條約》之際，日本代表伊藤博文還信誓旦旦向李鴻章表示，一定能解決臺人吸食鴉片的陋習，但後來日本殖民政府認真處理起來，才發現事態棘手。

首任總督樺山資紀在一八九五年上任之初，就公告嚴禁鴉片，並頒布刑罰令，但隨即遭遇強大的阻力。當時日本內務省衛生局長後藤新平遂提出嚴禁、漸禁兩個方案，最後決議採漸禁制，總督府還為政策的「髮夾彎」提出冠冕堂皇的說詞：「對於成癮已久之在地人，如一旦禁煙，恐有危及性命之憂。」好像吸食鴉片對身體沒影響的樣子。所謂的漸禁，究其方法，就是鴉片由官方專賣，吸食、經銷都要向政府申請牌照——當然需要牌照費，每年還要繳牌照稅。並頒布了《臺灣阿片令》，辦法前後數次修改，內容規定十分詳細，例如：

> 凡欲購買煙膏或喫食之時，必須隨帶煙牌為憑。
>
> 承賣人不得將一等乃至三等之煙膏彼此混合或將他物混合。
>
> 承賣人例應備造流水冊簿，登記承買數目，以及每日發賣之煙膏種類、數量、價值等項。

平心而論，臺灣吸食鴉片的人口數確實逐漸下降，相較於特准吸食人口的高峰期——一九〇〇年十六萬五千人，占全臺人口約六·一%，到了一九三〇年，特准吸食人口降到約一萬六千人，占全臺人口〇·三%。但是一人一日的吸食量，卻沒有什麼改善。

殖民政府之所以支持漸禁制，不僅是因為吸食人口確有緩步下降，更大的誘因是「專賣」的利潤所得——與其說是「漸禁制」，不如稱「專賣制」更符合狀況。

臺灣總督府阿片煙膏購買吸食特許證。

鴉片（阿片，opium），俗稱大煙、阿芙蓉、福壽膏，是從罌粟未成熟果實所滲出的汁液乾燥凝固而成。

在一八九八年，臺灣總督府一年的殖民地收入，大約七百五十萬日圓，當中將近三百五十萬是鴉片專賣的利潤。當年臺灣的財政尚未能自立，日本撥給臺灣總督府的補助金，也不過在四百萬圓左右。

但是到了一九〇四年，臺灣財政靠專賣就可以完全自主，無需日本中央補貼。

行文至此，或許有讀者會認為，鴉片專賣既能緩緩減少吸食人口，又能增加稅收，何樂而不為？那麼，如果把當年的鴉片，換成如今的海洛英，你還覺得可行嗎？

專賣／漸禁政策就這麼延續了幾十年。到了一九二五年，日本依國際潮流簽署了《國際鴉片公約》決議禁售，然而臺灣總督府卻在嚴禁中又開了後門，蔣渭水遂向國際聯盟（聯合國前身）指控日本殖民政府違約。

為此，一九三〇年國際聯盟組成鴉片調查團來臺，會見了蔣渭水等人。總督府的總務長官回日本述職的時候，也因此事受到責問，中央政府還特地派人來臺瞭解。

正當眾多知識分子對殖民政府開後門的鴉片政策大表憤慨之際，有人卻逆勢而為，在一九三〇年發表〈臺灣阿片特許問題〉（又被稱作「新阿片政策謳歌論」、「阿片有益論」、「鴉片有益論」），那人就是連橫，《臺灣通史》的作者。

為殖民者辯護：連橫提出「鴉片有益論」

連橫，字雅堂，最廣為人知的著作，就是一九二〇年出版的《臺灣通史》。

連橫稱因為父親的教誨：「汝為臺灣人，不可不知臺灣事。」因此發憤著述，「昭告神明，發誓述作，兢兢業業，莫敢自遑，遂以十稔之間，撰成《臺灣通史》。」除此之外，尚編著有《臺灣語典》、《臺灣詩乘》

【〈臺灣阿片特許問題〉於報端刊出】

連橫在《漢文臺灣日日新報》發表〈臺灣阿片特許問題〉。報社還特別在文前說明作者是「《臺灣通史》著者連雅堂氏」。

另外值得一提的是，〈臺灣阿片特許問題〉上頭還有一篇〈辜林許諸氏訪阿片調查委員：一日在鐵道旅館問答〉，當中的「辜氏」是指辜顯榮。辜氏在國際聯盟的鴉片調查團面前，力讚漸禁制是「斟酌民情極合理的辦法」。

辜顯榮本身擁有鴉片經銷權，當時即為巨富。

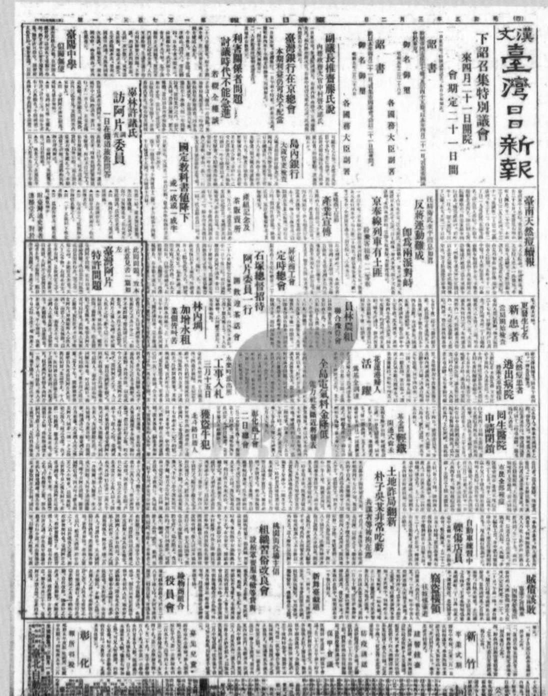
漢文臺灣日日新報

下詔召集特別議會 來四月二十一日開院 會期定二十一日間

詔書

樞議長推齋藤氏說

臺灣銀行在京總會

利害關係者問題 討議時代不能急進

臺陽中學

辜林許諸氏訪阿片調查委員 一日在鐵道旅館問答

島內銀行

國定教科書值降下

臺南天然痘續報

反蔣運動釀成 卽爲兩派對峙

京奉線列車有土匪

產業宣傳

定時總會

石塚總督招待阿片委員一行

臺灣阿片特許問題

林內圳加增水租

員林農組

全島電氣料金降低

新患者

逃出病院

活躍

工事入札

同生醫院申請開館

土地詐局翻新 朴子奘某非常吃虧

組織習俗改良會

新竹

彰化

臺中櫟社為日治時期三大詩社（另二者為臺北瀛社、臺南南社）之一，在眾詩社中最具批判性格與抗議精神。

等書，對於文獻之保留，用力甚深。

然而真正影響連橫命運者，卻是〈臺灣阿片特許問題〉。

此文一出，士林譁然，臺中霧峰林家的掌門人林獻堂在日記中寫下：「（連橫）誣蠛我先民，以作趨媚巴結，而又獎勵人人須吸阿片，似此寡廉喪恥之輩何云不汙損本社（櫟社）名譽？」《臺灣通史》的作者連橫，就這樣被逐出櫟社。

櫟社是日治時期重要的臺灣古典詩社，吟詩唱和的背後，其實意味著政治傾向相近的知識分子彼此往來。之所以訂名為「櫟社」，則是取意「學非世用，是為棄材；心若死灰，是為朽木」。一群讀書人結社聚會，站在日本殖民政府的旗幟底下，自稱棄材、朽木，寫漢文古典詩酬酢交游，當然隱含著抵抗的姿態，「櫟社」的文集也曾因「內容多與現下非常時局不合」而被日本人禁止發行。

由此觀之，連橫被逐出「櫟社」代表的是與一批知識分子的決裂。

早些年連橫曾遊歷中國，到杭州時見當地緝毒甚緊，認為「阿芙蓉流毒久矣，而剛毅刷滌，則浙人之福也」，卻在〈臺灣阿片特許問題〉一反姿態，詭辯矯飾。

〈臺灣阿片特許問題〉一開始先說，大家最近對政府的鴉片政策吵得沒完沒了，可是每件事都有利有害啊！看看全世界，鴉片的產量這麼大，消費的人口這麼多，相較之下，臺灣人的吸食量「不及百分之一」，似乎不成問題」。不過為了大家著想，還是要好好談一下。

如果你覺得破題已經很荒唐了，更絕倒的還在後頭：

查阿片之傳入臺灣，始於蘭人統治之

> 時，距今已三百年。歸清以後，移民漸至，曠野漸開，而榛莽未伐，瘴毒披猖，患者輒死，惟吸食阿片者可以倖免，此則風土氣候之關係，而居住者不得不吸食阿片，如俄羅斯人之飲火酒、南洋土人之食辣椒，以適合環境，而保其生命。故臺灣人之吸食阿片，為勤勞也，非懶惰也；為進取也，非退守也！平心而論，我輩今日之得享受土地物產之利者，非我先民開墾之功乎？而我先民之得盡力開墾，前茅後勁，再接再厲，以造成今日之基礎者，非受阿片之效乎？

指出鴉片傳入臺灣由來已久，清朝的時候雖然臺灣已漸漸開墾，仍然有很多地方尚未開發，居民動不動就被瘴氣毒死，只有吸鴉片者才能倖免。接著提出大膽的假設：因為臺灣風土氣候的關係，所以居民不得不吸鴉片，就跟俄羅斯人愛喝烈酒、南洋居民多吃辣椒一樣，都是因應環境所發展出來的結果，把鴉片、烈酒、辣椒等同觀之。然後以此進一步推論，正因為臺灣人努力開墾，所以需要吸鴉片；吸鴉片，就是努力打拚的表現——歸結出讓人驚呆的結論：臺灣能有當前的成就，都是因為先民吸鴉片。

當然，連先生在申論他不同凡響的史觀之餘，也不能對鴉片的危害假裝沒看到，還是有補充說明：每件事都有利有弊，像河豚肉有毒可是也很好吃，所以安全用藥最重要。並且舉出清廷查緝鴉片勞多而功少為例，強調不如維持專賣制，漸漸禁止，吸食人口自然減少。

雖然說〈臺灣阿片特許問題〉全文提出不少奇特的論調，但是如果撥開層層迷障，還是觸及了當時爭議不下的論點：第一，吸食人口確實降低；第二，專賣制的稅金收入非常豐厚。

站在殖民政府的立場，既能降低吸食人口又能賺進大把鈔票，何樂而不為？——雖然日本自己本國採嚴禁制。

先人在臺無法立足，後人疲於翻案

為什麼連橫要發表〈臺灣阿片特許問題〉呢？一說是殖民政府開出高額稿酬，請連橫撰文粉飾。曾任臺灣文化協會理事的陳鏡秋則在《臺灣民報》公開質疑，指稱連橫自己就是吸鴉片的癮君子，「欲保持自己特權，及出於同病相憐而作。」

連橫的外孫女，也就是連戰的表姐，臺大教授林文月則在《青山青史——連雅堂傳》一書中為外公喊冤：

當日本人預備禁煙時，雅堂曾私底下同朋友開玩笑。……想不到這些話語，後來卻輾轉傳出，就有人冒用他的名，將這些話語再加以渲染，併署上他的名字，在報端刊登出來。

為什麼要這麼做？誰這麼做？

林文月表示：「雖然無法具體指出冒名寫作此文的人名，但其中是頗有一些蛛絲馬跡可循的。」——目的是為了阻止連震東（也就是連橫的兒子、林文月的舅舅）進入林獻堂主辦的《臺灣民報》謀職。

林文月為連橫辯護的立論有三：一是連橫以前曾經贊成禁鴉片。二是他說出「鴉片有益」只是朋儕間私下的開玩笑，做不得準。三是連橫雖自認冤枉，但是要打起筆仗，怕拖累兒子連震東的前程，也就忍氣吞聲。

「開開玩笑而已嘛，誰曉得有心人會拿來

大做文章。」翻譯成白話大抵是這個意思。

林文月教授所稱「無法具體指出冒名寫作此文的人名」，連震東則直接指名道姓地說是《臺灣民報》幹部及記者，如謝春木，嫉他中、日文俱佳，為了阻撓自己進入《臺灣民報》工作，於是假冒連橫的名義投書。

至於為什麼釐清汙名會影響兒子的前途，此間曲折不詳。

連橫不僅因〈臺灣阿片特許問題〉一文被逐出櫟社，甚至連臺北都待不下去，只好搬回老家臺南。用林文月教授的說法，就是：「倦居臺北，便與妻子返回故里臺南。從此，更潛心著述，不再與臺北朋友往來，準備過一段充實而安靜的生活。」

連震東進《臺灣民報》謀職一事當然化為泡影，連橫轉而安排兒子離開臺灣，在一九三一年到中國發展。連橫還多次在家書中大發牢騷：「余居此間，視之愈厭，四百

【連橫家書】

連橫留居臺灣期間，寫家書向兒子抱怨：「余居此間，視之愈厭，四百萬人之中，幾於無一可語，生計既絀，信義全無，可痛可憫。嗚呼！奴隸之子，永為奴隸，余之困苦經營，矢志不屈，則為汝輩之前途計爾。今汝輩皆已成材，但看汝輩之奮志。……」

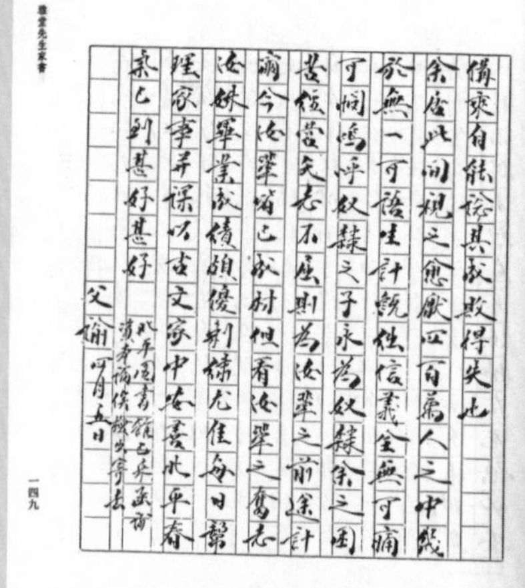
雅堂先生家書

余居此間視之愈厭四百萬人之中幾
於無一可語生計既絀信義全無可痛
可憫嗚呼奴隸之子永為奴隸余之困
苦經營矢志不屈則為汝輩之前途計
爾今汝輩皆已成材但看汝輩之奮志
汝姊學業成績頗優刺繡尤佳每日歸
理家事并採以古文家中皆安此平春
來已到甚好甚好
父諭 四月五日

一四九

萬人（日治時代臺灣人口）之中，幾於無一可語。」「臺灣無望，臺灣之青年更無望。」「汝切不可歸來！」

後來他連臺南都不想待／待不下，包袱款款，舉家搬到上海。林文月教授的形容是：「（女兒）從上海頻頻致函，催促年老的父母親來聚。」臨行前，連橫還特別到雙親墳前祭祀告別，大概就是不再回臺灣的意思。

世事變化難以預料，一九三三年連橫失意離臺，一九四五年日本戰敗，連震東參加國民政府接收臺灣的工作，順勢回臺，擔任「臺北州接管委員會主任委員」，隔年又「代理臺北縣縣長兼建設局局長」。

《臺灣通史》的作者，因為〈臺灣阿片特許問題〉一文失意離臺，令人唏噓。至於兒孫連震東、連戰兩代公務員如何生財有道又是另一件事了。

撰稿人：徐培晃

古人也愛變裝？

從《男王后》看明代的性別議題

變裝不僅可撤換原本加諸個人的身分、階級與規範禁忌，
還提供另一種文化符碼以供他人解讀，
新的身分也帶來處世的方便，
使扮裝之人能藉此達成若干目的。

【當代新聞】

服裝決定性別嗎？《服妖之鑑》打破印象

二〇一六年藝文界的盛事，莫過於耳東劇團推出首齣劇碼《服妖之鑑》，為何劇名取為《服妖之鑑》？乃是取自魏晉南北朝史書〈五行志〉裡的「服妖」，編劇簡莉穎指出「服妖」一詞乃是指穿上不合規範的衣著而引起天災人禍，意謂服裝儀表向來是與社會溝通的方式，一旦有人試圖打破衣著的「正常」框架，將承受批判的眼光。

該劇不僅顛覆性別印象，也大談前世今生、潛意識、夢境等主題，劇情描述一名外型陽剛的警察，私下有變裝癖好，在某次行動中抓了社運女大生，意外被女大生看出變裝癖，兩人更因而譜出了戀曲。

導演許哲彬表示服裝代表每個人被期待的身分、地位，我們總是在意他人的眼光，從沒認識過自己，這齣戲想表達的是如何勇敢做自己，接受自己的樣貌。劇中的特務警察就是「服妖」的寫照，警察身為男兒身，在約定俗成的觀念裡只能穿男裝，他卻想成為穿女裝的女性，雖然他與女大生的戀情最後沒有結果，但他們都真正地做了自己。

由「王后」到「駙馬」：顛覆性別的男王后

《服妖之鑑》這一齣變裝劇不禁讓人想起明朝萬曆年間王驥德所作的雜劇《男王后》，該劇描寫美男子陳子高周旋在君王與公主間的感情糾葛，不僅出現同性戀、異性戀、雙性戀的情節，更有忽男忽女的「易性」與「變裝」橋段，可以說是中國文學作品中的奇葩。從《男王后》劇中也能一窺明朝文人對於男色、變裝與性別認同的態度。

男色又稱作「男風」，就是男人以同性為親密對象的行為，是中國歷史上屢見不鮮的現象。明代帝王多好男風，英宗有嬖臣馬良，武宗也有大量的男寵，上行下效，這股風氣延伸到民間，被視為風流韻事。明代士大夫群體有明顯的斷袖之風，從「翰林風月」一詞的產生可見其端倪。明代有兩位因斷袖之癖而丟官的文人：萬曆十二年（一五八四年）屠隆與宋小侯夫婦因縱欲行樂，遭到彈劾；臧懋循也因情色事件謫歸故里，湯顯祖在為其送行的詩中，有「一官難道減風流」句，顯然湯氏對朋友的情色事件沒有責怪之意，反而將此視為名士風流瀟灑的表現。

明朝自中期以後社會環境與經濟高度發展，思想觀念隨之丕變，慢慢正視情感與欲望的正當性。古代對於男色雖有道德上的譴責，卻未嚴格禁止，而明代人看待男色，一方面出於娛樂需求，另一方面也視之為天性之「癖」，即使有不少人對這種「顛倒陰陽」、混淆秩序的行為提出批評，但因明中期以後出現一股「重情」思潮，如李贄、湯顯祖與馮夢龍皆提出重「情」的言論，主張提升「情」的地位以「發名教之偽藥」（馮夢龍語），促使男色情欲在現實社會中得以立足，可以說這種思潮對男男戀有著不可忽視的影響力。

《男王后》故事背景設定在南朝梁末侯景之亂，十六歲的陳子高被臨川王陳蒨的手下捉拿，臨川王見他「身雖男子，貌似婦人，唇紅齒白，目秀眉清」，非常惹人憐愛，於是讓陳子高改扮女裝，進入後宮服侍自己，成為王后！有趣的是，當陳子高被立為王后後，頭簪釵、吊玉環以女裝打扮，一心期盼著「婦隨夫唱」，對於命運如此安排，他頗

《男王后》版畫：
（左）陳子高身著女裝，與玉華公主拜堂成親。（右）臨川王陳蒨初見陳子高，驚為天人。

為得意：

只有漢董賢（漢哀帝男寵）他曾將斷袖驕卿相，卻也不曾正位椒房（代指后妃）。我如今受封冊在嬪妃上，這裙釵職掌，千載姓名揚。

陳子高自比為董賢，更得意於自己所獲的寵愛勝於董賢之上，他對自己的女性裝扮可謂滿心歡喜。

臨川王之妹玉華公主對皇嫂的美色又驚又羨，在意外得知皇嫂的真實性別後，便軟硬兼施外加威脅利誘，硬逼陳子高與她苟合。這位忽男忽女的陳子高，先是以沉魚落雁之姿得到臨川王的寵幸，進入後宮又成為豔冠群芳的「男王后」，最後還與玉華公主發展出曖昧情愫，實在驚人！公主不僅不在意陳子高與兄長的關係，也不顧忌兩人的身分、地位，反而大膽向陳子高求歡，頗有橫刀奪愛的架式。最後，二人之事被宮女揭發，臨川王本欲將二人賜死，但念及手足之情與舊日歡愛，乾脆成全他們的婚事，把美男子讓給了妹妹，促成一段由「王后」到「駙馬」的佳話。

當陳子高與玉華公主在臨川王主持下完婚時，他仍是一身女妝打扮，道：

我做娘娘不見金蓮現，做駙馬還將繡帔穿。只恁的假裝喬真偽難分辨。

此處暗示他具備雙性人格的特質傾向，他對自己的女性裝扮是感到自豪的。陳子高原本是臨川王的男王后，現又具備玉華公主駙馬爺的雙重身分，從其言行舉止或心理特徵來看，不難看出他對外貌的自信態度，這種忽男忽女的「性別轉換」與「變裝」過程，等於撤換了社會加諸他個人身上的性別符號，以現代人眼光來看，他可說是一等一的「變裝皇后」！

易性改扮風氣盛行，影響晚明文學創作

王驥德在《男王后》中安排皆大歡喜的結局，反映出明代社會對情感的包容性，折射出晚明社會對服裝制度與禮制的動搖。明太祖朱元璋建國之初，對服裝的顏色與質料曾有嚴格的規定，到了晚明卻吹起崇尚裝扮與奢華的風氣，官方禁令已逐漸失去效力。嘉靖、隆慶年間，因商品經濟與江南織造業的發展，也影響消費習慣與審美追求，人們逐漸講究服飾裝扮，追求標新立異，在清人汪楫《崇禎長編》中便記錄崇禎三年二月戊寅的奏疏：

承平既久，風俗日移，士庶服飾僭擬王公，恥儉約而愚貞廉，男為女飾，女為道裝。

到了晚明，男扮女裝、女扮男裝的情形更是普遍，「秦淮八豔」之首的名妓柳如是便是身著男裝，以「幅巾弓鞋，著男子服」之姿，前去半野堂拜訪文人錢謙益。

但由於晚明社會這種追求新奇、特立獨行的扮裝興趣，也使得服裝中「辨別男女」的功能產生混淆，開始有人對社會上「穿錯衣服」、「亂穿衣服」的現象提出嚴重警告。

不只是現實社會中有「喬裝」、「易裝」的情形，這股風潮在古典文學裡也層出不窮，人物透過「男扮女裝」或「女扮男裝」，改變服裝以達到「表面上」的性別轉換，借助「錯位」、「出格」，創作出更多的意外插曲。文學一方面反映社會上扮裝之

風尚，另一方面，民眾對扮裝的喜好又回饋給文本，彼此之間相互助長，因此明代中後期小說、戲曲流行的「扮裝」主題，不可說是偶然出現的現象，上述的《男王后》即為明證。

明、清文學或劇作中經常出現「易裝喬扮」情節，主人公在經過男扮女裝或女扮男裝後，開啟了性別「越界」及「錯置」。明人葉憲祖的《三義成姻》就是一齣女扮男裝的故事，劇中劉方與劉奇兩人來自不同的家庭，皆因遭逢意外被好心的劉氏夫婦收養，兩人便成為義兄弟。實際上劉方是貨真價實的女兒身，原來先前劉方跟隨父親外出，為行旅方便而女扮男裝，在父親亡逝之後，才被旅店老闆劉翁收為義子。一日，鎮上富人託媒婆前來為劉氏兄弟作媒，劉方堅拒親事，義兄劉奇深感好奇，便以樑間的燕子借題發揮，在牆壁題上：「營巢燕，雙雙雄；不尋雌，巢竟空。」故意以燕子築巢來詰問劉方，劉方見義兄題詞，回曰：「營巢燕，雙雙飛；雌不語，雄不知。」劉奇從和詞中見出蹊蹺，反思認識劉方以來的種種行跡，才明白「義弟」實為女兒身，於是他將此事告知義母，最後在劉氏夫婦的主持下，兩人結為夫妻。

檢視劉方的生命經歷，若非劉方當初「女扮男裝」，她與劉奇的相逢將是另一番的光景。作家使用了「女扮男裝」情節，除了要掩蓋劉方的女性身分外，也是為了讓她能在男性的世界中暢行無阻，最重要的是，讓劉方能以男性身分出現在劉奇面前，使她能夠對中意的男子有更多的觀察。劉方若非以「女扮男裝」的形象出現，在男女大防的禮教規範底下，二人恐怕會擦身而過。

此處以《三義成姻》為例，正是說明女性在換上男裝後，才有機會走出閨房與家門，古代女扮男裝最有名的故事莫過於祝英台與梁山伯的淒美傳說，中國甚至在二〇〇三年將「梁祝故事」申請聯合國「人類口頭和非物質遺產」。

雖然最初是因家庭因素或追求自我實踐而換成男裝，卻也開啟日後婚姻大事的契機。因此，「扮裝」不僅可撤換原本加諸個人的身分、階級與規範禁忌，還提供另一種文化符碼以供他人解讀，新的身分也帶來處世的方便，使扮裝之人能藉此達成若干目的。

即使到了現代，服裝儀容依然是每個人與社會溝通的表現方式，具有某種約定俗成的文化意義，因此「改扮易性」（男扮女裝、女扮男裝）這件事，既可打破性別的既定框架，也能夠促使身分越界，就好像《服妖之鑑》中的男主角，透過「扮裝」這件事來接受自己最真實的樣貌。

撰稿人：鐘文伶

記者林惠琴、羅欣貞／綜合報導）
口長庚臨床毒物科主任顏宗海強調過氧化氫具有腐蝕性，吃下肚可能激口腔、腸胃道黏膜，甚至噁心、吐、腹瀉、腹痛等，尤其使用工業原料可能污染重金屬而影響純度，於過氧化氫屬於水溶性，建議食材泡水十五分鐘待溶出再下鍋。

過氧化氫俗稱「雙氧水」，食品工經常用於微生物控制、無菌包裝等園、防腐上，同時部分業者為防止品於室溫久置變暗，影響外觀與消者購買意願，也會用來漂白，以改色澤，但若製造時添加過量、原料熱時間不足，或是煮熟後才浸泡過化氫，成品容易出現殘留狀況。

根據食藥署資料，國內歷年曾檢出氧化氫殘留的食品有魚肉煉製品、麵乾品、麵製品、豆類製品等，還兒洗筷、竹籤與牙籤。

林健良表示，大量或長期攝取過氧氫，可能對腸胃道造成腐蝕性傷害例如潰瘍，嚴重甚至會出血；關於否致癌，在動物實驗中有致癌的報

布

道辦法

心趕快恢復秩序

台灣新生

中華民國卅四年十月廿五日創刊

調委會與長官商定
緝烟事件解決方針
本案民間負責人決不追

愛國報

國事要聞

本京新聞

請看

德成號

屈臣氏藥房

牯嶺街書香市集 兜售獨書精神

↑今年台北牯嶺街書香創意市集重現早年懷舊老三輪車的記憶，但販售的可是新一代的「獨書精神」。

→今昔對比，牯嶺舊書街早年店家騎著三輪車，從資源回收站秤重買書、四處收購二手書的老照片，不知勾起多少愛書人的兒時回憶。

（記者邱紹雯／台北報導）結合社區新舊元素的台北牯嶺街書香創意市集今年邁入第十屆，回溯牯嶺舊書街店家騎著三輪車，從資源回收站秤重買書、四處收購二手書的文史記憶，今年市集將匯聚台北、香港等卅一家獨立出版社與書店，以懷舊老三輪車，沿街兜售「獨書精神」。

匯聚卅一家獨立出版社

台北牯嶺街書香創意市集本週六日登場，這場由中正區龍福里辦公處、北教大文創系、北教大南海藝廊創意市集工作團隊聯手打造的書香盛會，除了六十組老字號的舊書攤與出版社，邀「書蟲們」來挖寶，也注入文學、藝術、表演與創意商品元素，傳達年輕世代的多元活力。

書香創意市集 週六登場

今年延續上屆的「獨立精神」，以「或然率臆寫」為題設立「獨立刊物主題展」，串聯來自台北、香港、北京等十二個地方的獨立思想，包括維他命藝術空間（廣州）、家作坊（北京）、京都聖靜人（台北）等，體驗不同的眾聲喧譁。

而在「二日書店、獨書概念展」中，十一獨立書店、獨立出版社與線上刊物等團體，將各自在象徵牯嶺街歷史記憶的懷舊老車上擺攤，包括從線上走出實體的「Waiter Magazine瀑布」、日系搖滾獨立書店「下北世代」等，還有以行為藝術為主要創作團「鬼丘鬼鏈」，以都市改革組織自許的「O」，也將以平面創作概念化他們的想法。

另外，今年「書的日用品展」也以「小抄」為主題發想各類創意商品，包括放大鏡、的手錶、耳環等，讓「小抄」跳脫純粹的作弊功能，民眾可一邊闖關玩遊戲，還有獲得趣味贈品，樂趣無窮。

第十屆牯嶺街書香創意市集，十三日上點到晚上九點，十四日上午十點至下午五行，地點在台北市牯嶺街（南海路至寧波路段），可搭台北捷運至中正紀念堂站二號出口，主題網站http://blog.roodo.com/nanhai/

獨立刊物假文青 新銳創作不設

（記者邱紹雯／台北報導）去年創刊的青年獨立刊物「假文青」，從國立台北教育大學旁的一個廢墟空間出發，替新銳創作者發聲，這群創刊者平均年齡不到廿五歲，來自各大專院校的學生，拋開「真假文青」包袱，以集體創作方式，在這個城市中找尋知音。

不刻意定位為文藝青年

「不需要刻意把自己定位成文藝青年或知識份子，任何人都可以用自己喜歡樣貌、最自然的自己接近藝術。」就讀台北教育大學文創系二年級的學生、「假文青」總編陳虹衣如此詮釋「假文青」一詞背後的意義及實驗性質，總

旁的藝文空間「臥龍貳玖」延伸，由於許生、新銳創作者缺乏管道發表作品，提供個新的發聲平台；無論從Livehouse的中音樂展演空間、靜態作品展出空間到出版，雖方式不同，概念都是聯貫的。

「假文青」為雙月刊，透過每期的主題設定，與各領域的新銳藝術家共同激盪，代藝術、文化與社會現象的觀察和發想；的第五期「時光」也將在牯嶺街創意市集行，代表著回顧過去與重新出發的意義。

陳虹衣說，回想去年在牯嶺街市集擺位才向讀者預告準備籌辦刊物，預購四期，還不知道「有沒有第五期」，如今刊物是

有那麼窮？學生上廁所要錢

高雄8成國中小 強收廁所清潔費 教局遭批違法開徵「屎尿稅」

【記者蘇武智／高雄報導】高雄市號稱「國際宜居城市」，學生在學校上廁所被要求繳交「廁所清潔費」！高雄市財政窮到脫褲子，學校沒錢開徵學生老師的「屎尿稅」、「大小便捐」！

高雄市教育產業工會昨天在市議會召開記者會，抨擊市府官員們拉屎撒尿不用付錢，學校師生上廁所就要使用者付費（見圖），要求市府應編列經費，給學生一個無償使用而且乾淨衛生的如廁環境。

高雄市教育產業工會昨天在市議會召開「高雄市特別稅 學生屎尿捐」記者會，並以行動劇方式指控高市府教育局違法在學校開徵「屎尿稅」、「大小便捐」。質疑高雄市號稱國際宜居城市，但一個進步的城市，人民使用廁所要繳費？高市府財政欠一屁股債，但有窮到連師生在校園內上個廁所都要繳費？

不想付費 學校還會催繳

高雄市教育產業工會指出，接獲學校家長和教師反映，學校在沒有法源的情形

會抽查，高雄市的國小、國中和高中都有學校收取廁所清潔費，每年的費用大約二百元左右，有些學校還高達三百元，有的學校不只學生收，連教師也要跟著收。

以高雄市楠梓區楠陽國小為例，強制要求全校教職員生每學期要繳七十元廁所清潔費。學生收費未經所有家長同意，就直接列在家長會收費單，不想繳都不行；教職員部分雖號稱募捐，但有些不交者，會被提醒、會被關切，會不斷電話詢問何時要交，直到繳交為止。

依據抽樣和推估，高雄市國小學生十四萬五千人，國中學生九萬人，如果有八成的學生繳交廁所清潔費，全市國中小學生一年繳交的廁所清潔費將近三千七百萬左右，這還不包括高中職的學生。

陳菊如廁 要不要收錢？

編列公帑 維護廁所乾淨

工會強調，陳菊跟鄭新輝可以不用交錢就上廁所，是因爲編列經費有人打掃，讓他們有衛生舒適的洗手間可用。既然市府可以編列公帑，讓陳菊市長、鄭新輝局長在乾淨舒適的環境下安心如廁，那麼全高雄市所有高國中小也都應該要比照辦理，由市府編列經費來維護校園廁所的乾淨整潔，因爲提供學生衛生乾淨的廁所，這是高市府，也是教育局責無旁貸的責

行之多年 與刪經費無關

【記者李三輪／高雄報導】針對高雄市教育產業工會昨天抗議中小學校師生需繳交「廁所清潔費」事宜，教育局昨天表示，高雄市部分學校或家長會額外收取廁所清潔費的情形，已行之多年，與外界所謂「因刪減學校

長鴻營造跳票 波及多項公共工

捷克問題與英法

二〇一六年十月二日 星期日 農曆丙申年九月初二日

暑假瘋玩寶

開學幼童近

避免用眼過度 配合定期視

開學後幼童近視問題讓不少家長擔憂。亞東醫院眼科部小兒眼科主任劉耀臨表示，臨床上發現幼童近視就診狀況，年齡有逐年下降的趨勢。除了放假常玩3C，尤其今年暑假有不少學童瘋玩寶可夢，長時間近距離用眼，近視度數容易增加。臨床觀察開學後學童近視約增加了3成比例，比往年高，且有持續增加的趨勢。提醒使用3C產品，最好每半小時就應休息10分鐘。

高度近視 後遺症大

新舊聞

文教論壇

制服退出校園又怎樣

漫談《搜神記》裡的服妖

什麼？在古代，一旦沒有穿上「制服」，
就有可能招致天下大亂大悲大恥與大難！

前一陣子臺灣社會對於校園裡學生制服禁令解除的問題，鬧得沸沸揚揚。

贊成解除制服禁令者，認為制服代表了封閉、威權、奴性、失去自由、不尊重個人等等意義，理應廢止。而反對解除禁令者，則認為制服代表了向心力、尊重規則、易於辨認，甚至認為制服禁令一旦解除會造成霸凌和排擠。

兩種看法都各自有各自的立場，也各自有各自的詮釋。

不論如何，在這樣的論辯中，看得出來服裝的符號意義非常豐富且多元。

由解除制服禁令的爭議可知，服裝往往具備身分性、階級性，用服裝來代表某種意識的抬頭，或象徵某種權力，古今中外皆然。

也正因為如此，利用服裝來表述權力，或是利用服裝來反抗權力的現象就時有所聞——服裝絕對不只是保暖禦寒、遮身蔽體，它充滿了文化符碼以及非常多層面的意義。

在古代，同樣因為服裝的不同呈現而有著不同的表述。例如魏晉南北朝的「服妖」之說。在前一篇〈古人也愛變裝？〉已涉及了這個詞彙，在此將進一步探討其概念。

奇裝異服導致天下大亂？

簡單來說，服妖就是「服飾怪異」、「奇裝異服」。

服飾怪異，在現代頂多被視為特立獨行或是怪模怪樣，但在古代，尤其在某些朝代陷入危險局勢的時候，服妖則不僅僅被看成怪誕這麼簡單。

古人認為奇裝異服的出現預示天下即將動盪。在《漢書．五行志》中提到：「貌之不恭，是謂不肅，厥咎狂，厥罰恆雨，厥極惡。時則有服妖。」又說：「風俗狂慢，變節易度，則為剽輕奇怪之服，故有服妖。」也就是說，只要穿著不合規制，就可能導致嚴重的結果。近的來說，就是不恭、不肅、不識大體，但遠的來看，則是變節易度、國之將亡了。漢朝時期就是如此詮釋「服妖」一事。

六朝時期的服妖批判同樣不是奇裝異服這麼簡單。例如《搜神記》提到：

> 靈帝建寧中，男子之衣好為長服，而下甚短；女子好為長裾（讀若居，衣服的後襟），而上甚短。是陽無下而陰無上，天下未欲平也。後遂大亂。
>
> 孫休（東吳第三任皇帝）後，衣服之制，上長，下短，又積領五六，而裳居一二。蓋上饒奢、下儉逼，上有餘、下不足之象也。

一般來說，漢代人著「深衣」，深衣上衣與下裳相連，長短有嚴格的規定，衣袖、領子、上衣、下裳在裁製時都必須符合規定的長短，即《禮記》所謂：「古者深衣，蓋有制度，以應規、矩、繩、權、衡。」

當時男女的深衣都是上衣短窄，下裳寬長。雖然上短下長，仍都必須符合規制與限度，長短比例不會相差太大。但東漢靈帝，以及三國孫休之後的時期，男子服飾剪裁卻與規制顛倒了，成為上長下短；女子衣裳的長短似乎也不再符合規制，開始隨心所欲了起來，可長可短，逐漸由群體規則轉向了個人喜好。服裝的變形，在干寶這個「鬼之董狐」的詮釋裡，便認為象徵著「大亂／上饒奢、下儉逼／上有餘、下不足」。

至此，服妖的影響已不再是個人的事了。

一切都是外族人的錯？

《搜神記》又記載：

晉武帝泰始初，衣服上儉，下豐，著衣者皆厭腰（把上衣紮進下衣），此君衰弱、臣放縱之象也。至（惠帝）元康末，婦人出兩襠，加乎交領之上，此內出外也。……晉之禍徵也。

「兩襠」亦作「兩當」，是一種類似背心的服裝。一般作成前後兩片，一片擋胸，一片擋背，在肩部以帶相連。兩漢時是當成內衣，多半是婦女所穿。魏晉時則不拘男女，均可穿在外面，成為了便服。而《搜神記》裡特別批評的「此內出外也」，意思是把原本應該穿著於內的擋胸擋背穿在了外面——用我們現代的話語來說，就是「內衣外穿」。

在當時，這現象其實是異族服裝與漢服的國際交流結果。

三國兩晉南北朝時期，民族交匯，北方遊牧民族的女性內衣傳人中原後，被漢族女性接受而穿上了身，並且流傳開來。但對於這

兩襠有點像現代的細肩帶背心，是極便於穿著的抹胸。

樣的服裝革命，有著史學家身分的干寶卻批評為：「晉之禍徵也。」認為這是晉朝短命、戰爭不斷、外族入侵、禍亂頻仍的開始。更不用提他接著又記載的這一則是多麼嚴重了：

> 昔魏武軍中無故作白帢，此縞素凶喪之徵也。初，橫縫其前以別後，名之曰「顏帢」，傳行之。至（懷帝）永嘉之間，稍去其縫，名「無顏帢」，而婦人束髮，其緩（寬鬆）彌甚，紒（髮髻）之堅不能自立，髮被於額，目出而已。無顏者，愧之言也。覆額者，慚之貌也。其緩彌甚者，言天下亡禮與義，放縱情性。及其終極，至於大恥也。其後二年，永嘉之亂，四海分崩，下人（百姓）悲難，無顏以生焉。

「帢」（音同「恰」）是一種便帽，漢末以前，漢族男子頭上戴冠或巾，不戴帽子，只有胡人才戴帽子。但曹操或許因為頭痛的毛病，常戴著這種「帢」。在他的影響下，男子開始戴起了帽子。後來連軍中也流行了起來。不久之後，士人階層也跟著這股潮流戴起了這種裝扮。到了永嘉年間，大家把這種帽子前面的覆額去掉，稱為無顏帢。沒想到這樣的服飾變異，在史家的紀錄裡就成為「天下亡禮與義，放縱情性。及其終極，至於大恥也……四海分崩，下人悲難，無顏以生」的象徵。

可以說，在《搜神記》的年代、在漢末六朝時期，穿著的正確性與否，與國家滅不滅亡、民生穩不穩定連結在一起。更嚴重一點還可以說，服裝儀容在這個時代早已經不是個人喜好的事，而是提升到了國安等級，與國仇家恨連結在一起了。

所以，在魏晉南北朝時期，你如何穿、穿的是否正確，是非常重中之重的一件大事。只要穿著不正確，在道德的觀看與品評裡，就有可能招致大亂大悲大恥與大難。

你說我不守規矩，我說你不知變通

試想，你想要內衣外穿，或是天氣太熱想穿清涼點、戴頂帽子，貪圖方便想把褲管改短一點，甚至覺得斧、鉞、戈、戟造型的簪笄很炫拿來插在頭上自以為吸睛……，這些都是不符合裝容規制，都是會被寫入史書中當成國家滅亡、民不聊生的開端。

你還膽敢胡亂穿衣服、反對制服、不穿標準服飾嗎？

面臨國破之悲的干寶，滿腔悲憤，所以觀看世界的方式也充滿悲憤，我們這些太平時代的後生小輩當然對這樣的詮釋角度無可厚

《歷代帝王圖卷》中陳朝皇帝所戴的即為帢。

非。畢竟痛苦時代的保守者看待轉變，往往會帶著悲憤與道德標準進行審視。但有趣的是，充滿突破性與矛盾性的亂世之人是否全然接受這種批判，採用同樣的標準？答案似乎未必！

魏晉人們依舊故我，不把規範當一回事，依舊穿著不合規制的衣服，把內衣外穿、胡亂戴帽，搭配著兵器造型的首飾，女人甚至放膽穿起男性規格的木屐……，但不可否認，他們卻各顯風華、各展性格，留下這麼多的裝容變異給後世的我們欣賞。

而當時被批判得體無完膚的胡服胡飾，在接下來的大唐盛世裡卻大放異彩，被兼容並包地融入服飾體系當中，成為風尚的代表，甚至改變了漢人的審美觀念。

所謂的正確性、規制性，或是單一標準、惟一體例等等觀念，其實始終都不斷變化著。沒有一種標準是永恆的，也沒有一種標準是不能改變的。

因此，穿什麼衣服是自己的事，而如何觀看與評價則是他人的事。人言可畏，悠悠眾口的確十分可怕，尤其史家者言或是當權者、文化人的看法更是，他們極有可能把這一切都記錄下來，讓你留芳百世或是遺臭萬

北魏女性陶像訴説當時婦女之穿著，裙長曳地，下襬寬鬆，瀟灑而飄逸。

年——種種詮釋都可以讓你「不合規矩」的裝容成為一種「服妖」。

只是如果全然以他人的眼光與標準來著裝打扮，那麼，古今中外這麼多膾炙人口的服裝變革，或是掙脫束縛的服裝改革也就不可能完成了。

所以，穿制服與不穿制服、正規與違規、平權與歧視……種種關於服裝的爭議辯論與對話，或許，沒有那麼絕對的是是與非非。

撰稿人：周翊雯

| 文教論壇 |

屈臣氏的英文是什麼？
由一個神奇譯音看秦、漢時期的大移民

從整個廣東粵語「屈」字的共同讀法，

你或許還能嗅出那一點點兩千年前的血腥煙硝味。

watsons

曾看過一則趣味新聞這樣描述：

> Watson 絕對是一個神奇的英文姓氏，因為它在中文裡至少有三種譯名。

這三種譯名各是哪三種譯音呢？一為「華生」，例如清末傳入中國的西洋名著《福爾摩斯》裡的「華生」醫師；一為「華森」，例如飾演知名電影《哈利波特》裡女主角的 Emma Watson，臺灣就譯為艾瑪．華森（中國則譯為艾瑪．渥特森）；第三個肯定出乎你的意料，就是知名藥妝店「屈臣氏」！該報導認為清末翻譯家林紓將 Watson 譯成「華生」是受了自己福建閩語的影響，但是「生」字或許是如此，「華」則不然。無論是將 wa 譯成「華」或「渥」，以國語看來都算符合音譯，只是考慮的角度不同：前者符合中國姓氏，後者則更重音譯的精準性。wa 譯成以 u（ㄨ）為起首的「渥」字顯然很貼切，譯成聲母音感較不重的擦音「華」（閩語的聲母為h，國語為ㄏ），雖有些差異，仍差可比擬。中國有華姓（如著名典故「割席絕交」中的華歆），卻無渥姓。因此，譯成「華」顯然帶有另一層的文化思考在其中。

中文裡並無 ts 發音，Watson 可分為兩個音節，英語使用者也把前一個音節末尾的 t 唸得較輕，所以不譯出 t 的「華生」，和譯出 t 的「渥特森」皆有道理。而選擇不捲舌聲母的「森」對譯英語的 s，比以捲舌聲母的「生」來得更合理些。但「華生」一詞總讓我聯想起藏傳佛教的奠基者——蓮華生大士，與佛教裡的「妙法蓮華」，以及由此而生的種種美麗意象，可見清末學者的翻譯自有他的一番道理。

真正古怪的翻譯是這一個：屈臣氏。

眼尖的你走在街上望著看板時，或許曾疑

惑過為什麼屈臣氏要叫作屈臣氏？明明它的英文是 Watsons 啊！

分字拆解：臣、氏、屈

西元一八二八年，英國人在廣州開了西藥房，取名「廣東大藥房」。其後亞歷山大·斯柯文·屈臣（Alexander Skirving Watson）接手經營藥房，並於一八七一年將姓名登記為商業品牌，成立屈臣氏公司（A.S. Watson & Company），原來的「廣東大藥房」就變成「屈臣氏大藥房」，而「屈臣氏」即是對於 Watsons 的粵語音譯。既然是音譯詞，我們就一個字一個字對著看吧！

位於臺北大稻埕的（日治時期）屈臣氏大藥房，曾專營香港屈臣氏藥品。

1.「臣」

son[sən]對譯「臣」字。「臣」字粵語讀為 sən。音值雖不中，亦不遠矣。音譯詞總有一些語音上的差距，兩個對譯語言的語音系統彼此並不相同，做些調合、修整總是有的。

2.「氏」

這個「氏」字是用來翻譯單字最末的 s 音。且為了把這個 s 對譯出來，還採取了「增音」手段。也就是用兩個語音單位的「氏」去對譯英文一個語音 s。廣州、香港的粵語裡並無

雖然大稻埕有屈臣氏大藥房，但後來屈臣氏公司總代理權卻給了神農氏大藥房，造成臺灣屈臣氏不賣屈臣氏的尷尬情況。

捲舌音，「氏」唸成 si，與這個表示姓氏的 s 相配正好。且以「氏」為對譯詞，也符合中國人對姓氏的慣用稱呼，例如著名喜劇電影《九品芝麻官》裡的「戚秦氏」。

3.「屈」

好了，到了比較棘手的字了，為什麼 wat 要翻成「屈」字呢？現在請你滑滑手指上網查一查，網路資料就會告訴你，粵語的「屈」字就讀為 wat。故以粵語發音「屈」來翻譯 wat，實在是再貼切不過啊！早年歌神張學友有一首歌便叫〈屈到病〉，歌裡頭的「屈」就唱成 wat，可見得「屈」字在粵語裡，便讀為 wat 啊！

什麼！你覺得我只是要跟你說動動手指便能查到的網路資訊嗎？當然不只是這樣嚕！

重點不在粵語的「屈」字讀為 wat，我們更想探究的是粵語「屈」字究竟為何讀為 wat？

理一理千年遺緒

原來這個 wat 音，竟是由秦、漢以來就一直延續至今的古讀啊！

首先說說這個 wat 的 t 尾。許多南方漢語方言都保留了古漢語的「入聲」韻尾，同屬南方漢語的粵語，就保留了許多入聲韻尾，如：-p、-t、-k 尾。閩語也有同樣的情況，「冤屈」的「屈」字，末尾發音時，也帶這個 t 的發音。

至於「屈」字的聲母，粵語為何讀起來不像國語的 tɕ^{h}（ㄑ），或者閩語的 k^{h}（ㄎ）呢？在解決這個問題之前，我們要先知道一個古音小常識：國語裡聲母為 tɕ、tɕ^{h}、ɕ（ㄐ、ㄑ、ㄒ）的字，古代聲母是 k、k^{h}、x（ㄍ、ㄎ、ㄏ）。這點我們從閩語與國語的對照，便可以清楚得知。國語的「顎化音變」，將這些原讀為 k、k^{h}、x（ㄍ、ㄎ、ㄏ）的聲母，變讀為tɕ、tɕ^h、ɕ（ㄐ、ㄑ、ㄒ）。（可參見前文頁五十三。）

如果我們承認閩語對「屈」字的讀法是比較古老的話，那麼這個字較古的聲母應該讀為k^h（ㄎ）啊，為什麼粵語讀為w（相當國語的ㄨ）呢？

時間先往後快轉一些。中古時期（魏、晉、唐、宋）漢語發生了一場鋪天蓋地的語音演變，幾乎所有的漢語方言都參與了這場演變，但你知道的嘛，有時班上總有一些不合群的反抗分子——以上海話為首的吳語，便未參與這場音變。

中古時期的漢語原有一套「有聲的b、d、g聲母」，就像英語bird、dog、go的首字母b、d、g的發音。它們是什麼時候消失不見的呢？據語音研究者的推測，就在中古時期。其實它們也不是憑空消失，只是併入相同部位的無聲子音去。且各個漢語方言併入相同部位無聲子音的條件還各不相同。

以g來說，它會變成同樣發音部位的k（ㄍ）與k^h（ㄎ）。每個方言演變的條件不一，國語無聲化的條件分別為上去入與平，閩語是全變為同部位的不送氣無聲子音k（ㄍ），客語則都變為送氣無聲子音的k^h（ㄎ）。另外，國語在近代漢語（元、明、清）時，k（ㄍ）與k^h（ㄎ）聲母，又再進一步演變為tɕ、tɕ^h（ㄐ、ㄑ）聲母。

這些由g變來，讀為k（ㄍ）、k^h（ㄎ）的聲母，再與中古時期原就讀為k（ㄍ）、k^h（ㄎ）的聲母來個大拼盤，混合在一起了。不獨中古漢語的g聲母字如此，b聲母也變成p（ㄅ）、p^h（ㄆ）聲母，d聲母則變為t（ㄉ）、t^h（ㄊ）聲母。其演變的概況，可以圖示如下：

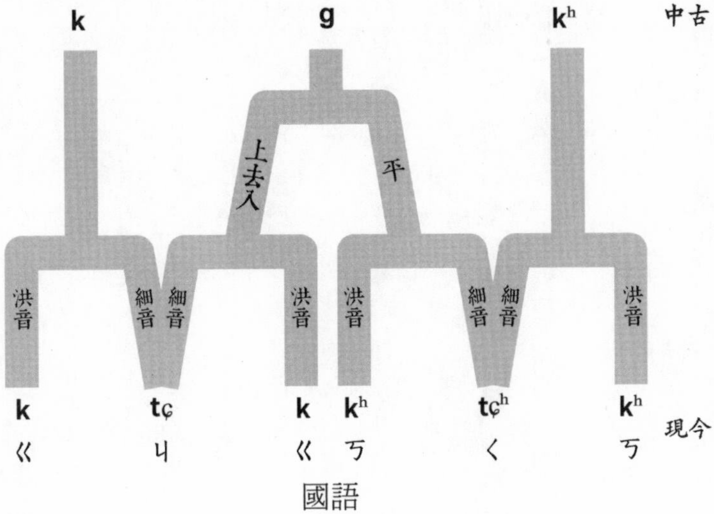
k
g
kʰ
中古
上去入
平
洪音
細音
細音
洪音
洪音
細音
細音
洪音
k
tɕ
k
kʰ
tɕʰ
kʰ
現今
ㄍ
ㄐ
ㄍ
ㄎ
ㄑ
ㄎ
國語

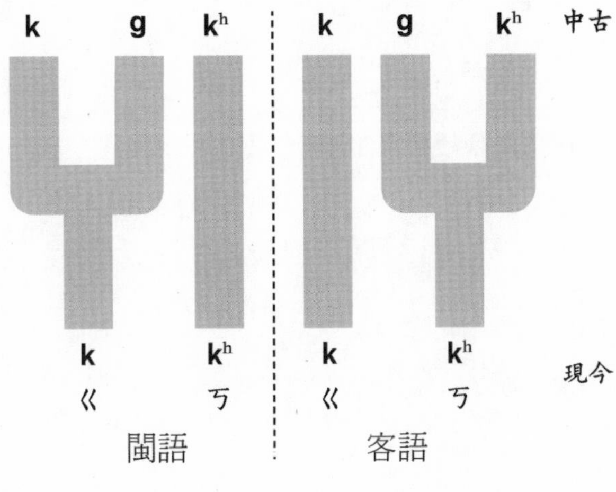
k
g
kʰ
k
g
kʰ
中古
k
kʰ
k
kʰ
現今
ㄍ
ㄎ
ㄍ
ㄎ
閩語
客語

耐著性子，我們快把「屈」字讀為wat的歷史緣由揭開了呀！

讓我們把焦點放回到粵語。即使我們認為古代粵語就有k（ㄍ）聲母，但滄海桑田，物換星移，現代粵語k（ㄍ）聲母的內容，早已不同於古代的k（ㄍ）了。套用古漢語史的專有名稱，古代的k（ㄍ）稱為「見」母，k^h（ㄎ）則叫「溪」母，至於有聲子音的g則被稱作「群」母。

針對古代粵語至今日粵語的演變說明，我要再補充一下。實際上，粵語古溪母字，今天仍讀為k^h（ㄎ）聲母的字還有幾個，但寥寥可數。這就是所謂大規律下總有小例外的狀況。

粵語大部分的古溪母字，在進入中古漢語的階段前就全部「擦化」，讀為h或f（ㄈ）聲母了。我們怎麼推論出來的呢？許多漢語方言今聲母讀為k^h（ㄎ）或$tɕ^h$（ㄑ）的字，都可以找到它們古音的來源。以國語為例，今讀為k^h（ㄎ）或$tɕ^h$（ㄑ）聲母的字，既有來自溪母，也有來自群母。這表示中古漢語時期，群母字走向無聲子音化時，以國語來說，會與溪母字大量混合。

古溪母今仍讀為ㄎ聲母的字（數）

平	誇、區、溪、窺、羌、傾
上	叩、企
去	慨、靠、困、抗、曠、擴
入	卻、確、曲

漢語古音史常見的說法為三分：上古音，中古音，近代音。中古音的年代為魏晉南北朝、隋唐、宋。

但普查今日粵語，聲母讀為k^h（ㄎ）的字，居然都來自古群母字，大部分的溪母字在今日粵語都未讀成k^h（ㄎ）。可見得溪母字由k^h（ㄎ）變為h或f（ㄈ）聲母的時間相當早，且這項音變遍及整個廣東粵語，幾乎無所例外。粵語演變圖如下：

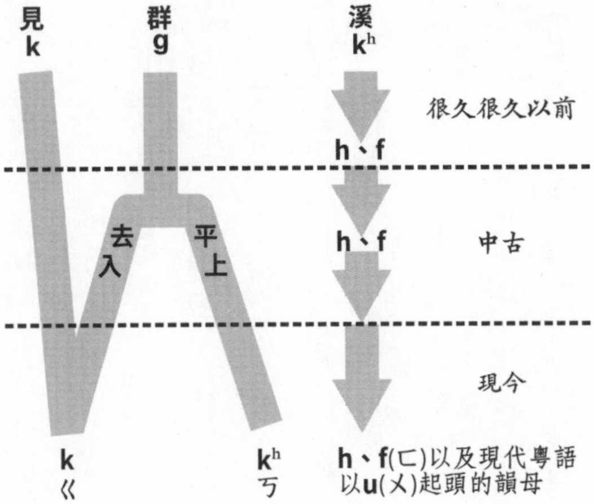

粵語

民族大遷徙的語音紀錄

語言的留存，就是祖先遷徙的證據。到底何時漢人曾大規模帶來這樣的語音改變呢？既然不在中古時期，我們只好將時間再往前挪一些，合理推論就是秦、漢時期了。這正是漢人大舉南下的時候，秦滅六國後，直到漢朝，皆曾派遣大批將士南來，使得中原漢語廣泛在嶺南之地傳播。（廣西當然也有這個語音現象，但廣西因少數民族語與漢語混雜的程度更繁複，暫不細論。）

廣東的省稱「粵」，即與「越」相通。先秦時期，這裡長期都是「百越」民族的棲息之所，秦始皇派兵南下之前，還是一片化外之地。

這個溪母字由k^h（ㄎ）變為h或f（ㄈ）聲母的音變，大約就是秦、漢間大規模的移民南遷時，與當地土著語（百越語）混生的發音習慣。你當然可以反問：為什麼溪母讀為h或f（ㄈ）聲母不能說是百越語的保留？要知道古代百越人腹地遼闊，還包括今日的江蘇、浙江一帶，但這個音變現象只特別集中在今日的廣東與廣西，不復見於江蘇、浙江，可見得這個音變並不是古百越語的反映，而是秦、漢移民與當地百越語迸出的語言新滋味。

古粵語「屈」字由k^h（ㄎ）聲母變為h聲母後，由於h是很弱的口部擦音，容易脫落，h丟失後，因「屈」字古韻母開頭讀為u（ㄨ），而u音近w，於是現代粵語「屈」字便讀為wat了。

故事便是這樣。

•••

是的，故事便是這樣，完了。

秦始皇那支浩浩蕩蕩的勇猛軍隊，我們已不復見，但從整個廣東粵語「屈」字的共同讀法，你或許還能嗅出那一點點血腥煙硝味，一寸又一寸瀰漫在南疆邊陲上。戰爭、侵略以及奴役已經很遠了，但透過廣東港仔唸出的「屈」字，或者是其它溪母字的讀法，你會知道這段經略南疆的歷史，是血淋淋且真實存在過。

撰稿人：彭心怡

歷史上第一批中國新娘

西元前二一八年，秦始皇以屠睢為主將，趙佗為副將，率領五十萬大軍浩浩蕩蕩開拔到嶺南地區，準備一寸又一寸將南方之地納入大秦的帝國版圖。殊不知西甌的越人發動夜襲，殺死了這次南征的主將屠睢，秦軍鎩羽而歸。

四年後，整肅好了的秦軍，再次南下，攻克了嶺南一帶，秦始皇的威望達到前所未有的高峰。統一嶺南的主將為任囂，副將仍是趙佗。接著，秦始皇在嶺南設立了南海郡、桂林郡、象郡三郡，任囂順理成章接任南海郡尉。南海郡下又設有博羅、龍川、番禺、揭陽四縣，副將趙佗出任龍川縣令。

戰爭之後，秦始皇採用了駐軍移民的政策。因此，攻破嶺南的數十萬大軍，除去傷亡者之外，大多都作為戍邊部隊留駐嶺南。於是，剩下的人仰頭望著回不去的北方故鄉，再低頭看看這一片被鐵騎蹂躪過的荒土，百廢待舉，只能將矛箭放下，背上鋤，握起了耙，開啟山林、墾殖土地。

又一些年頭過去了，嶺南地區已經從戰爭的殘破中走了出來。西元前二〇八年，秦亡前一年，升格為南海郡尉的趙佗寫信給秦二世：「求女無夫家者三萬人，以為士卒衣補。」（《史記·淮南衡山列傳》）。原來是幾十萬秦軍墾殖嶺南之地後，部分兵卒與越人通婚，而一些追不上越女的「魯蛇」只能打著光棍，想著這輩子怕是沒後了，而這樣的魯蛇計有三萬餘數。秦二世胡亥准了他這位同宗親戚（趙佗姓嬴，趙為氏）的要求，但只批了一萬五千名中原未嫁或喪夫的女子南嫁（《史記·秦始皇本紀》）。

漫長的南行之路，曾奔馳著戰馬，嘶吼著戰號，那是一段征戍討伐的亡命之旅。這一回，唱起了小調，一群相依相偎的女人，在昏暈的月光之下，思念著家鄉的父母，哀嘆著自身的命運，無奈地向南進發。

這是大時代裡，小人物的悲嘆，那樣的卑微，那樣的輕賤，那樣的不足稱道，這也是中國第一批大量輸出到國外的外籍新娘。說外籍新娘有些不精確，因為當時的嶺南還在秦帝國的版圖中。但第二年，秦亡，南海郡尉趙佗趁著中土兵亂，建立了南越國，這一萬五千名遠嫁至嶺南的女子，成了真正實質意義上的「中國外籍新娘」。

撰稿人：彭心怡

| 文教論壇 |

女大兵與雞蛋

淺談兩則語言小知識

花木蘭就是知道後代的人會搞混她的話，
所以在「唧唧復唧唧，木蘭當戶織」之後，
加上了註腳……。

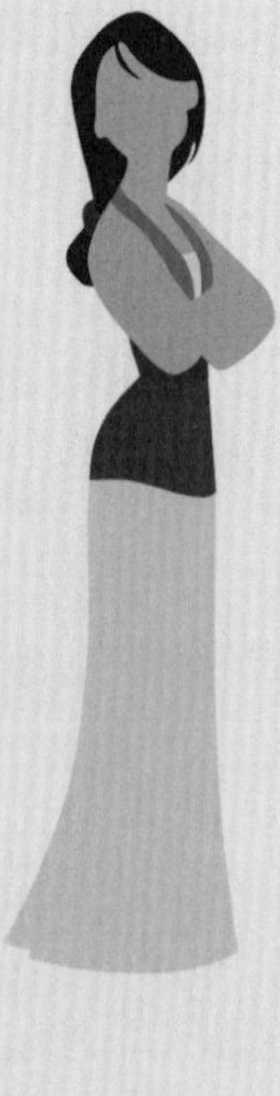

在ＩＳ（伊斯蘭國，The Islamic State）恐怖主義肆虐的中東，不僅是男人要當兵，不少女性也得拿起槍桿子，成為剽悍赫赫的娘子軍。二〇一七年六月網路上就出現一段影片：一庫德族女狙擊手在與ＩＳ聖戰士對峙時，子彈不偏不倚打在她腦袋旁「不到五公分」的牆上，沒想到這位女兵居然還面不改色與戰友談笑，並一邊將子彈上膛、回擊，令人不禁豎起大拇指，佩服這些在戰亂中奉獻自己的纖纖女子們。

中國古代也有這麼一位具有鋼鐵意志的女子，她就是你我熟知的花木蘭。

唧唧復唧唧

木蘭織著布，結在心底的事卻愈來愈沉，陡然，她放下了織布的梭子，決定代父從軍去。這是我們都很熟悉的〈木蘭詩〉內容。北朝五個朝代（北魏、東魏、西魏、北齊、北周）皆為胡人建立，民風開放且剛健，女子率真而自然，習武的女子甚至被社會所推崇。同時代的〈李波小妹歌〉便歌頌了一位「褰裙逐馬如卷蓬，左射右射必疊雙」的颯爽女子。花木蘭的故事若放在其他漢人的朝代便啟人疑竇，但若是發生在北朝，就頗令人信服。

「唧唧復唧唧，木蘭當戶織。」昨夜接到軍帖，阿爸（原文稱阿爺，這是北方常見稱呼父親的方式）斗大的名字就在上面。可是讓年邁的阿爸趕赴戰場，無疑是直接判他死刑啊，思及此，我怎麼還能安坐在此呢？

選項Ａ：於是，木蘭停止了手上的動作，唧唧復唧唧的「織布聲」也跟著戛然而止。

選項B：於是，木蘭停止了手上的動作，但窗外唧唧復唧唧的「蟲鳴聲」襯得木蘭心裡好慌。

選項C：以上皆非。

選項A是以前國立編譯館課本所選的注釋，選項B則是國立編譯館在正注解下收編的另說。但兩個答案都非正解。以一個修習古音專業的人（我！我！我！舉手！）來看，這兩種解釋都不通，「唧唧」就是嘆息聲呀！首先，「唧」在中古音時代是入聲字。入聲字就是收尾聲短促的字，比如閩南語唸「國」、「急」等字都有短促收尾感，所以「國」、「急」在古代就是入聲字。「唧」字在中古唸為tsjək，ts就是注音ㄗ，j大約等於國語注音ㄧㄨㄩ的ㄧ，ə就是發國語「恩」音時發在鼻韻尾前的那個母音，而閩南語唸「國」字時，也有這個短促的k（ㄍ）尾。現代國語沒有相對等這個「唧」字的古音，只能唸成近似於「嘖嘖」般舌肉塞牙縫的音。

同樣是中古音的例子，中唐白居易的〈琵琶行〉有一句可為佐證：「我聞琵琶已嘆息，又聞此語重唧唧。」白話解釋就是：我聽到琵琶女彈奏的琴聲已經嘆息，又聽到她說自己淒清的身世，我再一次嘆息。

近年來，愈來愈多語音專家投入教育部的字典編纂，這個「唧唧」已列出「嘆息聲」的解釋了。

也許木蘭就是知道後代的人會搞混她的話，所以在「唧唧復唧唧，木蘭當戶織」之後，加上了註腳——「不聞機杼聲，惟聞女嘆息」啊！

花木蘭。

木耳與雞蛋

從花木蘭的故事，我又聯想到迪士尼的《花木蘭》電影，在主角花木蘭身邊創造了小巧可愛的木須龍角色，當時臺灣版的國語配音還找來「本土天王」吳宗憲，傳誦一時。但是，龍就是龍，為什麼叫木須龍呢？什麼是「木須」呢？

名廚阿基師在益智節目中曾斬釘截鐵地說：「木須就是黑木耳啊！」

節目播出後，「木須是什麼」在網路上引起熱議，有人持不同見解，美食家胡天蘭便說：「木須就是雞蛋，這是北京的土話。」是的，木須就是雞蛋，胡天蘭只說明了現象，卻未觸及問題的內裡，為什麼北京人要稱呼雞蛋為木須呢？

這個「木須」原本寫作木犀（樨），木犀在古詩詞中是常見的詞，如：宋代韓滮的「一曲西風醉木犀，天香吹夢入瑤池」。而在古詩詞中許多詞彙都有雅稱，如：月亮又稱玉輪、玉盤、素娥……等，木犀指的就是桂花。但是桂花跟蛋有什麼關係呢？

世界各地語言多有以生殖器來作為詈語的例子，中國北方人則習用影射男性生殖器的「蛋」字來罵人，如：王八蛋。此時作為菜餚中常見材料的「蛋」，在人們對菜名求雅的心理下，就會被替換為其他的詞。

> 北人罵人之辭輒有「蛋」字，曰「渾蛋」，曰「吵蛋」，曰「倒蛋」，曰「黃巴蛋」，故於肴饌之「蛋」字輒避之。（清徐珂《清稗類鈔》）

> 北方店中以雞子炒肉，名木樨肉，蓋取其有碎黃色也。（清梁恭辰《北東園筆錄》）

滿人的語言屬阿爾泰語系，有所謂的「元音和諧律」，即詞根母音的部分或全部的特性會影響到後面的詞綴。

不說「蛋炒飯」，也不說「蛋花湯」，那該怎樣稱呼這些菜名呢？當然可以簡單些，把「蛋」改稱為「雞子」，但似乎還是不夠雅尚，還不足以喚醒廣大饕客們的味蕾，那就用「木犀（樨）」吧——淡黃的桂花盛開時，正像打散的蛋液哩！

明白了「木犀（樨）」就是「蛋」的代稱後，還要問的是，「木犀（樨）」怎麼變成了「木須」？原來，這是以滿人口音來說漢語詞的結果。

清時，滿人入主中原，與漢人交往頻繁，當滿人開口說不正宗的漢語時，不可避免便把滿語的發音習慣帶入漢語。「木」母音為ㄨ，發音時嘴巴嘟嘟的，為圓唇音。「犀」的母音原為ㄧ，發ㄧ時嘴是水平裂開的。但在滿人的嘴巴裡，基於「元音和諧律」，會很自然地把前一個的ㄨ的圓唇特性帶到了後面的ㄧ。你可以試著發ㄧ的音，然後把嘴唇嘟起來，你就得到ㄩ的音，「木犀（樨）」聽來就是「木須」。民間不知道原來應寫為「犀」字，便誤寫成了「須」。

•••

在那樣遙遠的年代，北風勁且哀的蠻荒大地，一個身形單薄的女子，身上的鎧甲在月色與雪光下映得發亮。她想著，一定要打勝回家。回家，看看父親的身體，嘗嘗母親的手藝，瞧瞧弟弟是否又長高了，想著，哆嗦的身子便不覺著冷了。

撰稿人：彭心怡

塞車與小三

從一首詩看古代的人際關係

這位夫人自恃美豔，大白天出入宮門，不避耳目，

一個是宰相哥哥，可以明目張膽，公然調情；

一個是皇帝妹婿，總是眉來眼去，暗通款曲。

起因是一則有關塞車的新聞。

剛過農曆年，不常走動的親戚也難得「行春」。總說遠親不如近鄰，在現代社會裡卻都同樣生分，還不如臉書（Facebook）好友熱絡。本來趁著年節的氣氛出門走走，親友敘敘舊、活絡人情，是再自然不過的事了，只是現代人挺忙，難得有了假日，父母子女相聚的時間都不夠了，哪還管得著祖宗十八代？所謂行春，也不過是放下了禮物，交代了故事便完了。遊山玩水，才是正經事。不枉千里尋來，若不到郊外踩踏一番，怎能叫「行春」？於是大部分人都甘願耐著性子，在車陣中規規矩矩，循序而進，成了臺灣每逢假期必見的情景。把自己丟進人群裡，與陌生人摩肩擦踵，再上傳幾張照片「打卡」，便足以告慰性靈：一切都值得。人生不過如此。塞車嘛！

湊熱鬧的習性跟塞車的慘烈，其實不是現代人獨享的經驗。

麗人行後頭的三人行

西元七五三年，大唐天寶十二年（安史之亂前二年），杜甫來長安已經是第七個年頭。自從大前年將三篇賦文投入「延恩匭」（類似今天的總統信箱），得到玄宗皇帝賞識，讓宰相李林甫當場考試，在集賢院眾多才士前大大露臉，一夕之間，聲名大噪。但是兩年過去了，等到的只有「名實相符」的評語，重要的人事任命卻是石沉大海。年過四十二，眼看第二個兒子即將臨盆，租賃在外，工作依舊沒著落，難免心灰意冷。年底家人將從老家搬來，該如何面對？乾脆出門轉轉，碰碰運氣吧。

只見一百五十公尺寬的朱雀大街上，竟然擠滿人群。即使長安城是國際都會，平時也難得看到這樣擁塞的情景。杜甫再往前鑽了幾步，看到了虢國夫人與秦國夫人車隊的儀仗，原來正逢三月三日上巳日，眾皇姨出門遊春，隊伍塞滿了通往曲江的道路。往來徒步的青年男女頗多，都忍不住繞著車陣探頭探腦。一群好事者交頭接耳：

「不愧是貴妃的姐姐！排場是不用說的，光看衣服上的流線剪裁，布邊繡上的金絲孔雀，配合點綴著翡翠玉片的時尚髮型，一副春遊的打扮，休閒中不失高雅，果然是皇室品味！」

此時，快馬疾馳而來，一路上竟沒揚起半點塵埃。原來是內廷太監奉旨送來御廚精心烹調的「八珍」，給這趟春遊野餐添菜助興。「這算不得什麼！咱大唐的生鮮宅配是有名的，連荔枝都能產地直送呢。」杜甫想起了去年華清宮外，飛馳千里而來的南方信差，忍不住嘆了口氣。突然前方的人群騷動了起來，原來是巡城衛士在趕人。「丞相來了！」楊國忠，仗著當朝貴妃的裙帶關係，從不學無術的地痞，平步青雲成了當朝右相。平常跟著楊家姐妹鑽來營去，特別是虢國夫人這

《虢國夫人遊春圖》全畫的中心點即為虢國夫人（黑馬之後的騎馬者），她身著淡青色窄袖上襦，肩搭白色披帛，貌美驕奢之形象，躍然紙面。

風流寡婦，出入宮門總是跟楊國忠成雙成對，堂兄妹倆招搖過市，今天也不是頭一回了。杜甫曾為這位美豔的夫人寫了一首詩：

虢國夫人承主恩，平明騎馬入宮門。
卻嫌粉黛汙顏色，淡掃蛾眉朝至尊。

這位夫人自恃美豔，時常不施妝粉，素顏朝天。大白天出入宮門，不避耳目，把唐玄宗迷得昏頭轉向。一個是宰相哥哥，可以明目張膽，公然調情；一個是皇帝妹婿，總是眉來眼去，暗通款曲。看來楊國忠跟唐玄宗嗜好一致，親上加親，難怪君臣相得。

在車陣人潮中揉來擠去，杜甫好不容易回到了暫住的寓所，感慨萬端，寫下了萬世不朽的詩篇：

三月三日天氣新，長安水邊多麗人……。

一般將太太的姐妹喚作姨子。皇帝將姨子變成小三，原來不是叫「皇小三」，而是叫「X國夫人」。男女關係的混亂，讓原本複雜的稱謂關係更讓人搞不清楚。誰也想不到，一千二百多年後，有位小學家長在臉書社團「爆料公社」中分享孩子的家庭作業，那是一張家庭「稱謂填充」的學習單。學習單上在爸爸的旁邊畫了一個女人，並且附上一格填空，這空格的正確答案，照理來說要填上「姑姑」，沒想到孩子竟然填了「小三」！

這樣的答案看似讓人驚訝。傷腦筋的是，孩子的回答似乎也有一番道理。父親不一定有姐妹，但是從小耳濡目染的媒體資訊絕對會有灑狗血的小三情節，孩子本就對於現實中的親屬關係不太熟悉，世故的倫理未能框架自己的想像，於是他從平日的經驗來判斷，爸爸身邊的另一個女人，挺有可能是「小三」。這種藉由自身熟悉的情境來推論

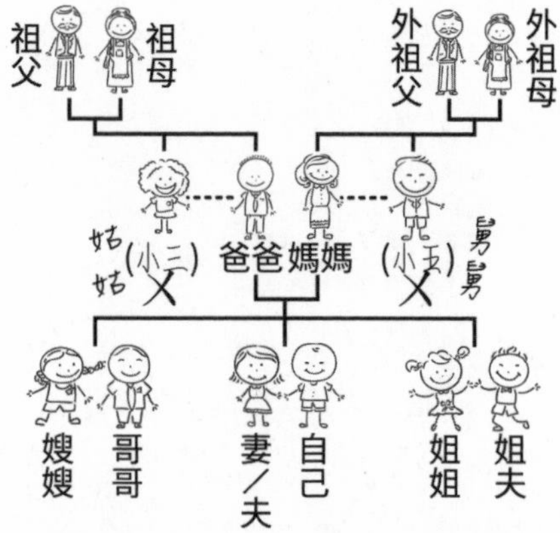

是姑姑還是小三？小學生的家庭作業似乎呈現了某些社會的現實。

出倫理的關聯，也挺符合華人社會的習慣。但總覺得有些地方兜不上。

情欲路上沒有紅綠燈

食色性也。好色的欲望，其實不算是太嚴重的問題。在適當的「理性結構」下，反過頭來甚至有助於健全社會的發展。傳統的理性結構是以家庭實體為核心形成的人倫秩序，不言而喻，家庭教養成了社會教化的基礎。但是在現代社會中，家只是避風港，人人習慣出門闖蕩，家庭所衍生的孝悌倫理被虛化，傳統價值信念無法再成為人與人之間的共信基礎而發揮調節作用，個體必須承擔更大的責任。麻煩的是，滿腦子食色性也的人，往往是擔不起的。

歷史已有太多借鏡告訴我們，拋開了理性結構，面對現實中權力利益情欲的糾葛，人的無恥簡直沒有下限。春秋時，衛國國君姬晉跟自己的庶母夷姜通姦，生了個兒子取名叫伋，又稱急子。姬晉即位後，庶母夷姜正式成為配偶，立為夫人，母子變成了夫妻。阿急，也被封為太子了。後來姬晉想替阿急迎娶齊國公主宣姜，結果因為公主太美，就又自己要了。於是，公公娶了兒媳婦，又生了兩個兒子，一個叫壽，一個叫朔。

姬晉想立宣姜為夫人，逼得原來的配偶夷

人物	說明	與宣公的關係
衛宣公	姓姬，名晉。事件的核心人物。	
夷姜	宣公庶母，後被宣公立為夫人。	母→妻
急子	名伋。宣公與夷姜的兒子，立為太子。	子→情敵
宣姜	宣公的夫人。齊僖公之女，本要嫁給急子，卻被宣公所奪。生下壽、朔。後來又被自己的父親強迫嫁給昭伯（姬頑，宣公的另一個兒子）。	媳→妻→媳
壽	宣公的兒子。惠公的兄長。後來代替急子而死。	子
朔	衛惠公。宣公的兒子。壽的弟弟。後來出奔齊國。	子
黔牟	宣公的兒子。太子伋的弟弟。繼任惠公為君。	子
昭伯	宣公的兒子。名頑，被迫娶自己的庶母（宣姜）。	子→嬲

姜上吊。又派盜賊暗殺太子阿急。宣姜的長子壽，為人挺仗義，他代替了太子阿急被盜賊殺害。正直的急也隨之赴死。衛國人群情悲憤。

姬晉過逝後，姬朔即位了，卻被怨恨衛君的人民趕走，逃到了齊國。齊國國君不看好自己年幼的外孫姬朔，於是逼姬晉的另一個兒子姬頑迎娶自己的庶母宣姜，打算藉此掌控衛國。宣姜是齊君的女兒，名義上算是姬頑的母親。母子，又成了夫妻。在政治利益、權力角逐、欲望貪婪交織的背景下，亂倫的戲碼不斷在衛國上演。這已經不是某個人是否荒唐無恥的問題了，而是提醒我們，最好別去考驗人性的底限。

塞車雖久，總是還有路走。人情物欲，失去了道理，只能隨處橫流。行春迢迢路漫漫，長長的車陣，依舊看不到路途的盡頭……。

撰稿人：廖崇斐

本社主催第十七回全國中等學校野球大會終る

眞紅の大優勝旗 中京の手に飜る

武運拙き嘉義農林 全力を傾けて敗れ去る

【大阪電話】本社主催全國中等學校優勝野球大會第十七回は二十一日最終日を迎へ炎熱焼くが如き甲子園球場に東海を代表する中京商業と台灣代表の嘉義農林との間に決勝の一戰が行はれた、力技ともに優勝の自信をもつ中京に對し東身の一刀を振かざし、腕かん無比の精鋭を以て挑む嘉義の肉弾はせい壯を極め立錐の余地もなく全くスタンドを埋め盡した、大觀衆は必死に攻め合ふ兩軍の熱戰にうたれ**球技に酔う**感激のうなり喚聲の拍手喝采もきらず大觀衆のために描く**壯觀である、**新鋭とはいへその技を誇る中京が嘉義の猛襲をよく制して進み三回の裏よく好機を逸せず得點を擧げ更に四回決勝の二點を加へたが嘉義はなほもつてへきえきせずどこまでも食ひ下つて懐に飛込まんとするなど壯烈筆紙には盡し難い、この驚異的

中	002	200	00A	4
嘉	000	000	000	0

反撃は、に中京ナインの猛襲するところとなつた、かくして榮光は東海軍に輝き、兩軍はメイヤモンドの中央に整列し中京軍が眞紅の大優勝旗と賞牌を、ランナース・アップ嘉義農林には朝日賞をそれぞれ荒木委員長から授與され、同委員長のあいさつに次いで優勝旗に大會旗は優勝のナインによつて下ろされ村山取締役が祝辞を告げて盛況に終えんの幕は閉ざされた

敗れて 台

安定の環境を造る

民族精神の樞化

鄭成功も光復の春を讃ふ

臺灣之光 世界之最

我為打破世界紀錄而來

北世大運開始前，地主舉重
淳淳就一直說，「不只要在世
金，我還要打破自己保持的
錄」，21日晚間她果然舉出佳
抓舉 107 公斤、挺舉 142 公
和 249 公斤成績，為地主拿
58 公斤級金牌，也完成「打
紀錄」的預期，更重要的
挑戰「在家破世界紀錄」的
在挺舉舉起 142 公斤的瞬

奪金最大希望許淑淨賽前
有去年里約奧運金牌泰國
ukanya 前來，但郭婞淳有爆
挺，她不負眾望，繳出佳
舉破世界紀錄的當下，她

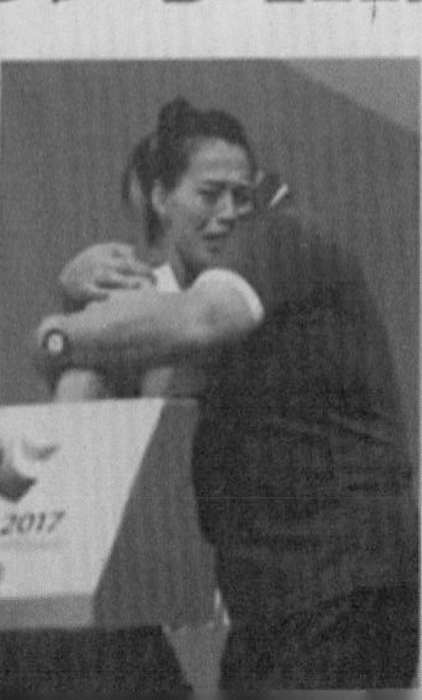

錄，希望在家破世界紀錄，我的對
手只有我自己。」

其他量級，朝鮮好手展現強悍
實力，開賽以來連續拿下 4 個量級
的金牌，原本 Kim Myong Hyok 希望
在男子 69 公斤級延續佳績，卻遭烏
克蘭好手 Linder Albert 無情攔道，
Linder Albert 在挺舉，舉起破大會紀
錄的 185 公斤，帶起破大會紀錄的
總和 333 公斤，逆轉奪金。

「奪金我非常高興，我拼盡全
力繳出最佳成績。」21 歲的 Linder
Albert 在抓舉雖只舉起 148 公斤，
落後朝鮮 Kim Myong Hyok 破大會紀
錄的 153 公斤，但逆境激起他的鬥
志，才能在挺舉以驚人的破紀錄成
績，風光摘金，賽後他不忘透過翻

王瑄琪／嘉縣報導
中正大學電機所學生在德籍教師N.M. Mayer
擔任計算機組指導教授下，設計的足球機器人
二度赴日參賽奪冠。研究生表示，根據場地大
小調整機器人偵測和判定能力是奪冠關鍵，團
隊希望再研發出可打開自閉兒心房的機器人。
隊員回想驚險賽事，曾有一球被對方守門員
擋下，反彈角度幾乎與球門平行，無法再進攻
，沒想到機器人臨機應變，跑位一腳將球踢進
門，「現場爆出歡呼當下真得很感動」。雖為
機器人，隊員仍得注意他們的「生理狀況」，
不斷拿扇子幫機器人散熱。
舉辦十四年的RoboCup Japan Open是日本年
度機器人盛事，比賽包括服務型、救難型和
球機器人，吸引世界各國隊伍參加，不僅考
參賽隊伍程式設計能力、機器人控制技術等
也考驗了團隊合作默契與機器人臨場反應。
去年首度參賽就拿下賽事冠軍的中正大學
機所學生團隊Crude Scientists，改良機器再
發，隊長張銘嵐表示，有時機器人認定球在
邊，但球可能在程式反應時已經位移的狀況
現將偵測反應設定在五秒內，且由最近的機
人踢球，大大提高射門機率，也解決搶球情
，如真實的足球賽中分左、右前鋒。
為造出對人類有貢獻的機器人，團隊正著
設計仿人類社交模式的機器人，希望透過小孩
子最愛的玩具，讓自閉症孩童與機器人互動
時，能打開心門、與他人相處。
中正大學團隊改寫攻守策略程式、由距離球最近的機器人負責主攻，拿下比賽冠軍。
（中正大學提供）
第九日出席者
16強 8強 4強 決賽 4強
冠軍戰
德國（1.57倍） 阿根廷（2.25倍）
14/07 3:00am
13/07 4:00am
巴西 荷蘭
季軍戰
註：() 內為冠軍賠率　賠率來源：足智彩　截至09/07
智彩世盃神射手賠率　截至10/07
球員 賠率
美斯（阿根廷）（4球） 15倍 ▲
4 費特（巴西）（1球） 7,500倍 ▲
5 希古恩（阿根廷）（1球） 7,500倍 ▲
6 阿古路（阿根廷） 9,999倍 ▲
8 尹佩斯（荷蘭）（3球） 100倍 ▲
12 湯馬士梅拿（德國）（5球） 2.75倍 ▼
15 侯克（巴西） 9,999倍 ▲
16 馬里奧葛斯（德國）（1球） 7,500倍 ▲
17 高路斯（德國）（2球） 2,500倍 ▲
20 祖奧（巴西） 9,999倍 ▲
22 奧斯爾（德國）（1球） 7,500倍
27 奧斯卡杜斯山度士（巴西）（2球） 7,500倍 ▲
31 洛賓（荷蘭）（3球） 80倍 ▲
36 亨特拉爾（荷蘭）（1球） 7,500倍 ▲
00 其他 1.35倍 ▼
占士洛迪古斯（哥倫比亞）（6球）
舒賀爾尼（德國）（3球）
迪比（荷蘭）（2球）
晚姆斯（德國）（2球）
大衛雷斯（巴西）（2球）
卻奧斯（德國）（2球）
▼為賠率轉熱　▲為賠率轉冷　預定截止投注時間：14/07 3:00am
註：「其他」只列占士洛迪古斯，及未出局隊伍中射入兩球或以上球員
勝出洲份
球隊 賠率 球隊 賠率
1 歐洲 1.57倍 ▼ 2 南美洲 2.25倍 ▼

新舊聞

體壇動態

玩命關頭真的玩命

你所不知道的古代極限運動

趕著逃命的劉邦，為了減輕馬車重量而達至逃命極速，
「如是者三」的把兒女推下車。
今日法拉利等級的極速跑車多是兩人座，顯然劉邦老兄早有先見之明。

【當代新聞】

印度少年側掛搭火車迎面撞上燈柱身亡

在印度很常見到許多人坐在車頂上，或者是掛在車廂外的「玩命特技」，也因此發生多起死亡意外。近日在印度孟買有名少年，搭火車時側掛在門邊，結果撞上軌道旁的柱子，不幸死亡。

據印度《新聞國家》（*News Nation*）報導，這名十六歲的少年搭乘火車時試圖耍特技，整個人側身懸掛在火車外，並且不斷擺動身體，突然間少年的頭撞上軌道旁的燈柱，掉下火車不幸身亡，同行的友人見狀嚇到尖叫。這段影片在網路上瘋傳，印度政府呼籲年輕人不要再做這些危險動作，以免造成憾事。

二〇一六年十一月八日的《聯合新聞網》，刊載一則標題聳動的新聞——「真的是玩命！少年搭火車掛車外頭撞燈柱死亡」。

印度火車舉世聞名，不是因為安全，不是因為高速，而是奇異的「人車」景觀。在此之前，網路早就瘋傳過不少「高手」的影片，或由月臺跳上行駛的火車，或從火車窗口竄出竄進，或彈跳在兩臺火車之間。這些「高手」猶如古代的名將，「一將功成萬骨枯」，有人成名了，但又有多少人葬身鐵道？即使如此，年輕人仍舊前仆後繼，追求刺激，難怪好萊塢電影《玩命關頭》可以拍到第八集。

現代如此，古代又有那些玩命的「極限運動」？

舉重舉死人

多年前，第一次閱讀《史記．項羽本紀》，對「籍長八尺餘，力能扛鼎，才氣過人，雖吳中子弟皆已憚籍矣」的「力能扛鼎」，沒有太多感受。直到某日聽聞秦始皇陵出土青銅鼎重達二百一十二公斤，「力能扛鼎」的畫面，方始鮮明。

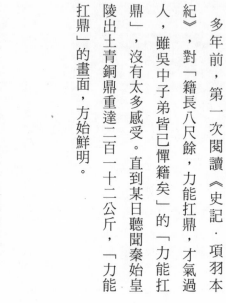

霸王舉鼎，是項羽極具代表性的形象。今人於其故里（江蘇宿遷）立有塑像。

按照秦、漢一尺約略為二十三．一公分的換算方式，八尺餘的項羽，大概有一百八十至一百九十公分，約略是男子舉重一百零五公斤的級別。查詢現今世界紀錄，阿拉姆納烏（Andrei Aramnau，白俄羅斯）在二〇〇八年創下抓舉二百公斤的紀錄，伊雷因（Ilya Ilyin，哈薩克）在二〇一四年創下挺舉二百四十二公斤的紀錄。你能想像嗎？項羽竟也扛起二百公斤的青銅大鼎！阿娘喂！怎麼想，都覺得亂唬爛的。一來，項羽絕非天天練習扛鼎，希望有朝一日以「扛鼎」揚名天下，甚至拿到巨額的國光獎金。二來，秦、漢那時沒有重量訓練，沒有科學計算，更沒有禁藥史丹諾（Stanozolol，又譯康力龍）的「協助」。三來，「鼎」有別於「槓鈴」，無論挺舉或抓舉，在力學上應當都較難找到適合的施力點。所以說，舉起青銅大鼎的二百公斤，簡直是天文數字。難怪「吳中子弟皆憚籍矣」，項羽若活在當代，鐵定是個舉重比賽的常勝軍，或許還可以在《魔獸爭霸》（*Warcraft*）裡飾演獸人索爾（Thrall）。

項羽成功挑戰了「扛鼎」，但這個挑戰人體極限的運動並非人人都能挑戰成功，歷史上有多少人或被大鼎壓死，或遭大鼎殘身，實已不可查、不可知。但至少有一個人是眾所皆知，就是秦武王。哈，秦武王若地下有知，八成又要鬼哭狼嚎一下，「哭爸，不要再損我了。」

秦國統一天下之前，歷任君王都有能說嘴的事跡，如秦獻公遷都櫟陽，秦孝公有商鞅變法，秦惠文王有張儀連橫，秦昭襄王有長平之勝。作為嬴氏子孫的武王，也是不遑多讓，成就名留「扛鼎史」的「舉鼎身亡」。《史記．趙世家》記載：

> 十八年，秦武王與孟說舉龍文赤鼎，絕臏而死。趙王使代相趙固迎公子稷於燕，送歸，立為秦王，是為昭王。

簡單來說，秦武王報名參加了「舉鼎」這項極限運動，不過他沒有後來的項羽那般武勇，或者說沒有項羽那般幸運。「龍文赤鼎」不僅舉不起來，慘的是還用生命來「交陪」，慫恿武王舉鼎的孟說，因而被誅滅三族。如此想來，二〇一六年里約奧運，卡拉佩特揚（Andranik Karapetyan，亞美尼亞）挺舉時左手骨折算是不幸中的大幸，畢竟「命」還在，說不定以後還有機會「打斷手骨顛倒勇」。

其實，秦武王「舉鼎身亡」，也有一點價值——至少後人不會再聚焦「嬴蕩」二字。

飆車飆到死

飆車，現代瘋狂的玩命遊戲；飆馬，古代玩命的極限運動。

說到飆車，腦海自然浮現一些往事。大學就混跡臺中的我，很早就見證過飆車族的猖狂，曾在大二某個夜裡，開車經過兩邊還無啥大樓的文心路，只見寬敞的六線道有一半被密密麻麻的改裝機車填滿。包括我與其他汽車駕駛，只能乖乖跟在龜速行進的車陣之後。所以，我們要先打破迷思，飆車族不只會飆速，也會龜速。

當然，飆車族還是以飆速為正道。提到飆車這檔事，就不得不說，古代也有飆車。最有名的莫過於趕著逃命的劉邦，他飆的是馬車，為了減輕馬車重量而達至逃命極速，所以有「如是者三」的把兒女推下車。今日法拉利等級的極速跑車多是兩人座，顯然劉邦

霍去病驍勇善戰，屢次重創匈奴，匈奴人不由哀嘆：「失我祁連山，使我六畜不蕃息；失我焉支山，使我婦女無顏色。」圖為酒泉市的霍去病雕像。

老兄早有先見之明。

不過，有心追求速度感的熱血分子，飆「馬車」無法盡興，更多的是飆「馬」。飆馬也有正反例證，正例如歷史上最年輕的十九歲將軍，漢帝國的黃金單身漢霍去病，這位小老弟率領騎兵出隴西，六日內轉戰千餘里，日行約一百五十至一百七十里。此趟飆馬是漢帝國對匈奴用兵的一大勝利，更是將飆馬提升到藝術境界，讓匈奴知道漢人也有 F1 車神舒馬克（Michael Schumacher）。

反例則有北齊孝昭帝高演，諸位看倌可能對「高演」沒有印象，請試著回想一下，在二〇一三年紅遍臺灣大街小巷的古裝電視劇《蘭陵王》，帥哥馮紹峰飾演了北齊蘭陵王高長恭，高演就是高長恭的叔父。高演廢北齊文宣帝繼承人高殷，自登帝位的第二年，時年二十七歲就因墜馬重傷而亡。據說，高演是在縱馬馳騁之際，面前忽然跳出一隻狡兔，

除了賽馬之外，在歐洲尚以「賽馬車」為主流賽事。

「剎馬」不及之下，狠狠一摔，不久即身亡。

傻瓜想也知道，一般騎馬會摔死嗎？有點困難吧！更何況，對古代的帝王貴族而言，騎射是必學功課，騎馬騎到摔死，不是怪丟臉的事嗎？所以高演摔馬致死的原因格外啟人疑竇。試想，我們一般正常騎乘機車，只是「摔車」很難自個兒摔死，除非有外力衝撞、酒駕，或是「飆速」。因此高演墜馬重傷，除了狡兔忽然竄出所導致的失控，自然也與「飆速」有關。

無論是F1的賽車競速，還是香港沙田馬場的賭馬競馳，場地必然會淨空，營造可以競速的友善空間。但，高演的飆馬，並不是在這種可淨空的場地。「高速」碰上「意外」，除非用上藤原拓海的水溝蓋跑法，否則就只能以馬毀人亡來收尾。

前面提到的舉重與飆車，「鼎」與「馬」皆是所費不貲的「運動器材」，因此參與運動者多屬上層貴族。不過，古代有些極限運動的配件，價格其實也很平易近人，如：胸口碎大石的石頭，或者喉頂尖槍的長槍，都是平民百姓能入門的極限運動——當然，若是富家子弟，石頭可用金鋼石，長槍能選丈八蛇矛。但，這就不是玩命的極限運動，而是喪命的自殺行為。

挑戰極限，可以創造出許多可能。不過，極限運動不免就是在玩命，想讓自身投入其中，可要審慎評估自己是否有項羽、霍去病之能。切記孟子曾有的告誡：

> 是故知命者，不立乎巖牆之下。盡其道而死者，正命也；桎梏死者，非正命也。（《孟子．盡心上》）

如果不是上天選中的奇人異士，千萬不要亂玩命！

撰稿人：施盈佑

藤原拓海是日本飆車漫畫《頭文字D》的男主角，具有高超駕駛技巧，利用水溝當軌道來競速是其絕技。

遭唾棄VS.被腰斬

同病相憐的古今踢球高手

高俅若活在今日，不用趨炎附勢，不必魚肉鄉民，

他只要在歐洲冠軍聯賽或世界盃足球賽大殺四方，就能名利雙收。

【當代新聞】

梅西銅像遭腰斬

阿根廷足球天王梅西（Lionel Messi）最近衰事不斷，除了被宿敵C羅（Cristiano Ronaldo）橫掃各大獎項而臉上無光外，就連家鄉都有神祕人在背後「暗算」他。就在FIFA年度頒獎典禮那晚，佇立在阿根廷首都布宜諾斯艾利斯的梅西銅像遭人攔腰砍斷，目前銅像上半身失蹤，只剩下半身還留在原地。原本這座梅西銅像和退役網球女將莎芭提妮（Gabriela Sabatini）、NBA球員吉諾布里（Manu Ginobili）等阿根廷體育明星一起擺在光榮大街上，是在去年六月，梅西一度宣布退出國家隊時才設立，展示時間不過半年，沒想到就遭逢「斷身」的命運。

啥？「梅西銅像遭腰斬」？看到二〇一七年一月十一日《聯合新聞網》的新聞，不禁皺眉幹譙，誰這麼狠心凌虐我的偶像？

梅西何許人也？梅西在足球界的身分，大概相當於四十年前的巴西比利（Edison Arantes do Nascimento，Pelé）、三十年前的阿根廷馬拉度納（Diego Armando Maradona），二十年前的英國貝克漢（David Beckham），近十年的葡萄牙C羅。他在西班牙甲級聯賽的巴塞隆納隊進球數近四百球，已是西甲聯賽的紀錄保持人，而生涯累積進球數超過五百球，助攻超過二百次。在《富比士》（*Forbes*）雜誌二〇一六年所公布的收入最高百大運動員名單裡，梅西排名第八，年收入高達八千一百四十萬美金（相當於新臺幣二十五億元）。至此你應當明白我為何要驚恐於梅西銅像被「腰斬」了吧！因為即使撇除個人的主觀喜好，梅西在客觀現實的足壇地位，也是不容侵犯。

無敵唬爛的發跡過程

梅西宣布退出國家隊而被「肚爛」這件事，其實在中國古代有對照組，那就是北宋蹴鞠好手——高俅先生。不過，高俅被肚爛的原因，並非退出國家隊，而是加入國家隊。

與梅西相隔八、九百年的高俅，名字雖出現在《宋史》上，卻未廣為人知。高俅的人生高峰，出現在那部被馮夢龍稱為明代四大奇書之一的《水滸傳》。《水滸》小說裡描述高俅崛起的過程，著實令人拍案叫絕，與梅西感人熱淚的發跡故事，可以攜手組成足球史的古今雙璧。

先提一下梅西吧！梅西在十一歲那年，被醫生診斷患有生長激素缺乏症，也就是他成為了坊間常見轉骨祕方的銷售對象——「袜大漢」或「卡慢大」的小朋友。若要治療，需要負擔龐大的費用，但阿根廷的足球俱樂部實在無法支付這筆開銷。對於未來可能發光發熱的少年足球選手來說，這無疑是希望的剝奪。幸好梅西有個好爸爸，為了解決困境，帶著他移居西班牙——因為西甲的巴塞

世界足球壇最佳球員梅西（右二）與C羅（左二）合影。梅西不到一七〇公分的身高，在運動員中的確略顯嬌小。

體壇動態 二〇一六年九月，西班牙《馬卡報》（*MARCA*）介紹中國古代蹴鞠運動，評價高俅為「生為中國古代的梅西」。

隆納足球俱樂部願意提供每月九百美金的醫療費用。臺灣近年盛行月薪二十二K，九百美金在當時可是已達三十六K，而且只是醫療費用，還未包括其他費用，只能說，太感謝巴塞隆納足球俱樂部的慧眼識英雄。

梅西的發跡故事，雖比砍倒櫻桃樹、看著魚兒逆流而上，增添許多銅臭味，但也是讓我們嘖嘖稱奇。那高俅呢？

幫閒，是高俅在《水滸傳》裡的入場角色。何謂「幫閒」？簡單說，就是吃飽閒著沒事做的有錢人旁的吃飽閒著沒事做的沒錢人。此類人通常是奉承諂媚，以及仗勢欺人。高俅是東京（即開封）生鐵王員外兒子旁邊的幫閒，後來惹事了，遭開封府脊杖，趕出東京，於是跑去投奔開設賭坊的柳世權。不久，遇到哲宗大赦天下，高俅想回東京，柳世權於是將他推薦給東京生藥舖董將仕。高俅發跡故事的前段，其實都還在平民

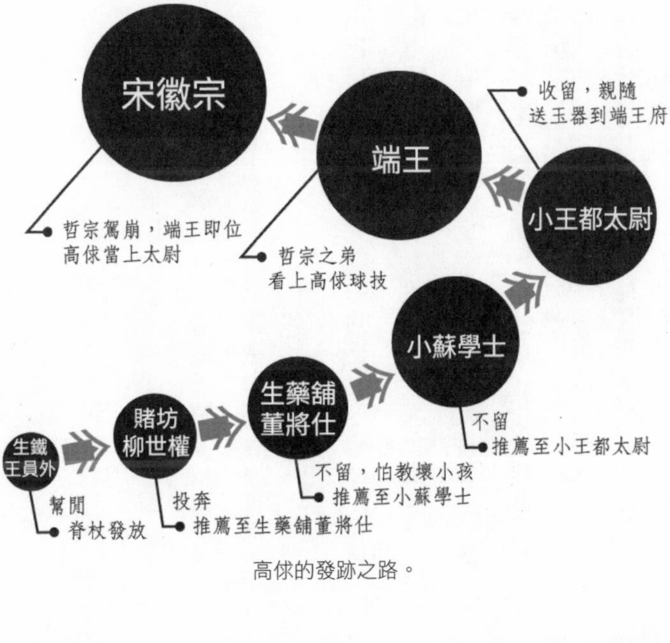

高俅的發跡之路。

百姓層級裡打混，看不出會有大鳴大放的機會。不過，到了發跡故事的後段，就開始有意想不到的轉折，以及超級唬爛的巧合。

董將仕嘴上說擔心延誤高俅前程，內心其實怕他教壞自家小孩，所以推薦給小蘇學士（蘇東坡）。然而，高俅還未坐熱東坡家裡椅子（或許連坐也沒坐？），又被轉手至小王都太尉（王晉卿）。至此，高俅所接觸的人物已從平民百姓跨入達官顯要。而到小王都太尉陣營裡則是高俅人生大進擊的關鍵，他之前依附或準備依附的人，皆有意無意要踢開他，直到小王都太尉府上，一來是蘇東坡所保舉，二來可能是氣性相合，所以高俅立即成了小王都太尉親隨。親隨看似與幫閒沒啥不同，但內行人應當知道，同菜不同功。小王都太尉，可是宋神宗的駙馬，是宋哲宗的妹夫，也與哲宗弟弟端王常有來往。這等人物的吃喝玩樂，豈是生鐵王員外兒子的級數？說句沒水準的話，員外兒子的性玩樂，若非找「站壁的」，頂多也只能「讚酒店」，而小王都太尉應是隨意點選當紅影視女星開狂歡派對吧！

最唬爛的巧合是，高俅幫小王都太尉送玉器到端王府，此時端王正與小黃門踢氣毬，氣毬「剛好」落到高俅腳邊，讓他有機會小露一腳。端王瞧了這一腳後，完全沒有興致理會原本極為喜愛的玉器，只顧拉著高俅加入球賽。這場看對眼的世紀相遇，默默牽引端王直奔駙馬府要人。如此一來，高俅又往權力中心再靠攏一步。但一山還有一山高，端王之上，還有皇帝老子。此時更唬爛的事情發生了，宋哲宗突然「去蘇州賣鴨蛋」，端王一夕間被拱上龍椅寶座。而高俅先生，也晉升成高太尉。

看倌們應該與我同感，這麼無敵唬爛的發跡故事，怎就不是來找我咧？

【蹴鞠】

一種古代踢球運動。蹴，踢；鞠，球。蹴鞠，即踢球的意思。漢代劉向《別錄》有言，「蹴鞠者，傳言黃帝造，或曰起戰國時。蹋鞠，兵勢也，所以練武事，知有材。」意即蹴鞠最早是訓練士兵之用，也有學者認為是起源戰國時期的齊國。後來從原本只是軍事訓練，演變成具有遊戲性質的踢球。而且，蹴鞠並非只是男性的娛樂，女性也流行蹴鞠。不過，女性蹴鞠講究的是容貌與身段，呈現陰柔美感，與男性蹴鞠有所區別。圖為元代錢選所繪《宋太祖蹴鞠圖》。

亂七八糟的是非功過

正值球技高峰的梅西，竟然要退出國家隊，是否冒天下之大不韙？這個情況在臺灣好像也發生過，先前郭泰源為了組成末代棒球經典賽的最強臺灣隊，四處徵召一流球員加入，但許多球員卻拒絕代表國家參賽。無論梅西，抑或某些臺灣棒球選手，一定都有退出或拒絕的理由。只是，鄉民們有人理解，有人幹譙，衍生出一翻兩瞪眼的尷尬。

與梅西稍有不同，高俅雖因《水滸傳》爆紅，但同時也被眾人唾棄，一直都是負面評價。平心論理，梅西只因退出國家隊，偉大的民族英雄瞬間成為反派。他是殺人放火？他是強盜勒贖？這證明了一件事：人心難測，前一秒把你當神，下一秒可能視你為豬。所以，「是非自在人心」這話，千萬別當真，正因在人心，即無是非。假使我們換個角度來看待高俅，他還會是人人唾棄的對象嗎？倒也未必了。首先，《水滸》好漢們多半也是殺人不眨眼，他們與高俅相較，真的會有絕對善惡的區分嗎？更何況，絕大多數的《水滸》好漢們，其實就是盜賊，或者犯錯的文官武將。舉個例子，花和尚魯智深身為提轄，卻以暴制暴，三拳擊斃鄭屠。縱使抬出為金氏父女出氣作為理由，真的說得過去嗎？若是有人調戲我女兒，難道我可以拿鋁製「バット」海K他的頭，「呼依死」嗎？有了這層理解後，你就知道高俅雖不能翻轉成好人，但其他英雄好漢也不必然是好人，誰能說誰是絕對的惡？

高俅一腳好球技，卻生在無處施展的年代裡。倘若知道現代有「足球金童」，年收入八千萬美金，有名有利有好評，他豈不會嘔死了！高俅的蹴鞠有多高超？我細分成三層次來說：

第一層次是「十年磨一劍」，高俅不知端王與小黃門在踢球，球一落在身邊——

那高俅見氣毬來，也是一時的膽量，使個「鴛鴦拐」，踢還端王。（《水滸傳》第二回）

什麼是「鴛鴦拐」？「拐」是身形變化的技巧，「鴛鴦」是左右兩腳之意，所以鴛鴦拐是用左右外腳踝連續踢球的花式踢法。顯然，高俅這個幫閒並非泛泛之輩，球是踢真的，確實是有練過。

第二層次是「無心插柳柳成蔭」，沒有準備，卻能出招，厲害呀！端王是愛踢球的人，整日與小黃門踢球，有啥招沒看過。因此，高俅這一踢，必然是登峰造極、驚天撼地、出鬼入神……，否則難以獲得端王青睞。舉個例子來說，有人在麥克．喬丹（Michael Jordan）面前運球上籃，結果喬丹立即請他加入夏洛特黃蜂隊（Charlotte Hornets），這人的籃球水準該是何等境地！這樣說，應當可以理解高俅的球技了吧！

第三層次是「飛龍在天」，出神入化的一踢，從「足球圈」踢進「政治圈」。庖丁解牛由技入道，大概就是這個意思，「道」是穿透各個時空，是跨領域的。所以，端王／徽宗讓高俅當上太尉，多不可思議！籃球之神喬丹也沒這等待遇，成為夏洛特山貓隊（現名為夏洛特黃蜂隊）的經營者都是自個兒出資買來的。講到這裡，對於高俅的超凡球技，是否該給個熱烈掌聲？

人總是看到自己要看到的地方，討厭的人怎麼看都討厭，喜歡的人怎麼看都喜歡。恰巧，《水滸》裡的高俅，就是那個怎麼看都討厭的人，因為我們永遠只看到他那些討厭的面向。高俅若活在今日，不用趨炎附勢，不必魚肉鄉民，他只要在英格蘭足球超級聯賽、西班牙甲級足球聯賽、德國甲級足球聯賽、義大利甲級足球聯賽、日本J1聯賽、美國MLS聯賽，選擇一隊「看得順眼」且價碼滿意的足球隊，接著在歐洲冠軍聯賽或世界盃足球賽大殺四方，就能名利雙收。

當然，還要記得不要在春秋正旺時，解甲歸田即可。

撰稿人：施盈佑

Strike！Out！
古今教練不變的退位宿命

強如王進，猛如林沖，最後還是要捲鋪蓋走人，
沒有《勞基法》保障，亦無資遣費可拿，
管你啥級數，滾蛋吧！

【當代新聞】

奪冠失利　砍掉重練　震撼職棒

中華職棒中信兄弟隊昨爆震撼彈，包括總教練吳復連在內，教練團共七人解職，其中吳復連轉職，六人不續約，整個教練團砍掉重組，也是中華職棒二十七年來最大規模單一球隊教練團改組。

中信金控於二〇一三年接手兄弟象，改名中信兄弟，前兩年爭冠失利，都是從領先的絕對優勢遭對手逆轉。今年球季採取銀彈攻勢，季初高薪網羅重炮林智勝、捕手鄭達鴻，又適逢母企業中國信託五十週年慶，集團對這座總冠軍志在必得，未料重蹈前兩年覆轍，被義大犀牛逆轉，第三度無緣總冠軍……。

一九八九年臺灣開始有職棒比賽，草創時期的四支球隊：味全龍、兄弟象、統一獅及三商虎，時至今日只剩「象」與「獅」，「龍」兄「虎」弟已自個兒逍遙去了。沒想到舊酒新瓶的中信兄弟象隊，最近發生一件大事！

這次一口氣拔除七位教練職位的主因，當然是撒下大把鈔票，補強林智勝等一級戰力後，象隊竟然又屈居亞軍，創造連三亞的中職特別紀錄，所以中信老闆才怒炒教練團。中職至今二十七年歷史，未曾有球隊一次讓七位教練離職，所以此事件視為世紀大屠殺似不為過。投手飆三個「Strike」方能解決一名打者，但中信一個「Strike」就「Out」七位教練，若再多三位教練，就全倒了，由棒球「Strike」升級到保齡球「Strike」，我的老天鵝呀！

說到這裡，不得不讓人想起《水滸傳》裡

的王進及林沖，古今教練彷彿有悲慘的共同宿命。之所以悲慘，並非因「沒頭路」，而是明明有能力卻還被迫走人。要解釋這一點，我就要先談談吳復連、王進及林沖的「才調」。

強中自有強中手

吳復連何許人也？為何能當教練？「肖年仔」恐怕已不知曉他的等級。從青棒到成棒，吳復連都是中華隊二游的常客，在中華職棒與臺灣大聯盟的球員生涯，皆曾拿過二壘手金手套。後來轉任教練後，曾帶領宏碁金剛隊連續兩年拿下冠軍（二〇〇一、二〇〇二）；在兄弟象隊的教練時期，也奪得兩次季冠軍（二〇一五、二〇一六）。總而言之，吳桑雖不像郭源治、郭泰源、呂明賜、王建民、郭泓志、陳金鋒、陳偉殷等人聲名遠播，但也絕非泛泛之輩。叔叔是有練過的。

那麼，王進與林沖呢？當然也是練家子！

王進這號人物，很迷人，雖然不在《水滸》一百零八星裡，卻是引出《水滸》故事的關鍵人物。更重要的是，王進數月調教出來的九紋龍史進，後來成為梁山軍的馬軍八虎騎兼先鋒之一。倘若再多教些時日，或許史進就不會命喪龐萬春的連珠箭下了（《水滸傳》第一百一十八回）。但，王進為何會遇到史進？我們得從「教頭」這工作說起。

教頭，即今日的教練，沒啥好說。王進原來是東京八十萬禁軍的教頭，為了躲避高太尉（高俅）即將到來的報復，因此帶著老母親「落跑」，準備到延安府老种經略那裡安身。母子亡命途經史家村，錯過宿頭而借住史家，之後準備離開時，王進看到史進耍棒，嘴賤說一句：

日本十九世紀浮世繪大師歌川國芳所繪製之《水滸傳》豪傑百八人之九紋龍史進。

這棒也使得好了，只是有破綻，贏不得真好漢。（《水滸傳》第二回）

這句嘴炮，惹惱史大郎，直嚷要比劃「拚輸贏」！一較量，三兩下，史進便被繳倒在地。這位火爆卻性情直率的小夥子，立刻對王進佩服不已，最後還拜師學藝。王進的級數，幾乎直逼《天龍八部》裡的掃地僧，神龍見首不見尾。

再說到林沖，這號人物很特別，因為他武功雖高強，卻少了果決的性格。例如當他準備要出拳海扁調戲妻子的年少後生，看到高衙內（高俅乾兒子）的嘴臉，竟「先自手軟了」（《水滸傳》第七回）。後來在刺配滄州路上，若沒有魯智深搭救，應會被押送的董超、薛霸弄死，但他仍決意至滄州。

話說回來，林沖的武功有多高強？林沖最佳損友陸謙曾說：「如今禁軍中雖有幾個教頭，誰人及得兄長的本事？」（《水滸傳》第七回）不過，口說無憑，我們來看一下經典畫面的回顧：話說林沖快到滄州時，遇到小旋風柴進，當柴進為林沖擺酒設宴時，席中來了狂妄自大的「洪教頭」，其後柴進讓兩人比試棒法：

林沖望後一退，洪教頭趕入一步，提起棒，又復一棒下來。林沖看他腳步已亂了，便把棒從地下一跳，洪教頭措手不及，就那一跳和身一轉，那棒直掃著洪教頭臁兒骨上，撇了棒，撲地倒了。（《水滸傳》第九回）

一樣都是「教頭」，但洪教頭是假功夫，林沖卻是真功夫。

後來「宋公明三打祝家莊」時，遇見一個

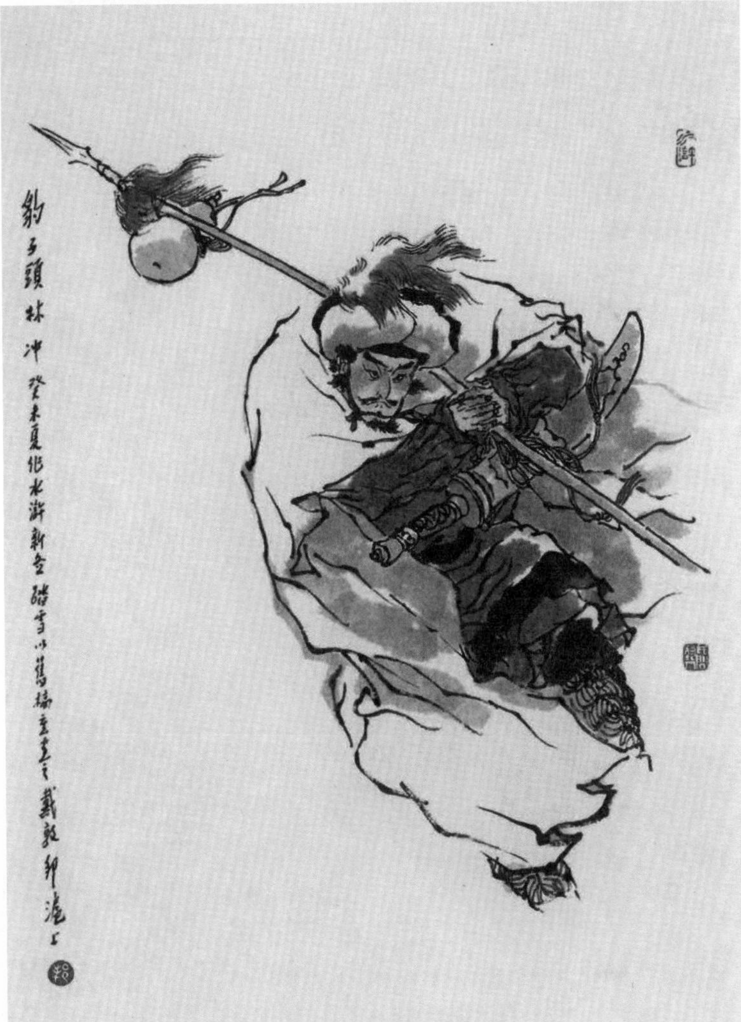

豹子頭林冲。

喚為「一丈青」扈三娘的女將。扈三娘先是活捉好色調情的王矮虎，接戰鎗法精熟的歐鵬，再與同使雙刀的馬麟廝殺，最後追殺落荒而逃的宋江。眼見日月雙刀不斷飛舞，出戰的《水滸》好漢卻未能戰勝她，心裡想著「誰能打敗她」。直至悍將林沖出手，不到十回合，賣個破綻引來雙刀，丈八蛇矛先逼住雙刀，再猿臂一伸，便活捉了一丈青。一來一回，勝負立見，乾淨俐落，不拖泥帶水，94狂！

好球！出局！

相形之下，吳總稍為幸運一些些，職棒隊總教練位置固然灰飛煙滅，仍有扎根巡迴總教練，「沒魚，蝦也好。」肚子不至於餓著。但，強如王進，猛如林沖，最後還是要捲鋪蓋走人，沒有《勞基法》保障，亦無資遣費可拿。只能說，遇到高俅、高衙內這些「肖郎」，管你啥級數，滾蛋吧！

王進為何出局？只因父債子還！

高俅因宋徽宗的關係，坐上殿帥府太尉之位，到任首日一一唱名，眾人皆到，只缺王進。王進為何不到？「半月之前，已有病狀在官，患病未痊。」生病當然要請病假，而高俅不知哪根筋不對，大怒，差人押著病王進來參見，或許宋代的病假申請規定是：「未住院者，一年內合計不得超過『十五』日。」有趣的是，當王進到了殿帥府時，高俅劈頭便問：「你那廝便是都軍教頭王昇的兒子？」不問有病無病，問恁老爸是誰，奇怪不奇怪？原來，高俅未發跡前，在東京街市上當小混混，曾被王進之父王昇一棒打翻，此時擺明要來尋仇洩恨。王進可謂倒楣到家，好好八十萬禁軍的教頭，丕變成「頭殼抱咧燒」的「焦頭」。也只好在高俅投出一個好球後，拎著球棒回休息區，自個兒宣布出局。

林沖為何出局？只因家有美妻！

話說高衙內不知他所調戲的良家婦女，正是林沖的美嬌娘，第一次嘛！不知者無罪。（啃！那門子的道理！又不是寫錯字！）但「花花太歲」之名，其來有自，高衙內性喜奸淫人妻，失利的後遺症就是挑勾起無止盡的欲火，如同即將火山爆發的痴漢。這時，身旁的狗腿小人，富安、陸謙先後獻計，定要讓高衙內得償所願。而太尉府的老都管，以及高俅，自然也都是盲目按下「讚」。想想看，一窩子的人同心協力幫著一個混球準備去奸淫人妻，究竟是啥世道？後來，林沖街上遇見賣刀漢，到太尉府官差騙他由府前、廳前、後堂至白虎節堂（商議軍機大事處），腳本早已寫好，林沖哪曉得禍從天降，只能乖乖照著腳本演出帶刀私闖白虎節堂。別說沒了禁軍教頭，若無開封府滕府尹與文書官孫定的周全，連性命也差點沒了。

唉，林沖的出局，算是另類的英雄難過美人關！因為，「英雄」總不能用在熊樣的高衙內身上吧！

王進與林沖的出局，表面看似偶然，但其實是必然。拗口的說，雖然古今緣由有別，但是教頭的出局，就是一種必然的偶然。撇除永遠活在我們心中的安西教練，請問天底下有哪位教練不下臺？法國歐塞爾（Auxerre）足球隊的前教練居伊．魯（Guy Roux），執掌教符四十四年雖然夠久了，可惜還不是天長地久，最終還是退休離職，Out！

出來混總是要還的，這是宇宙千萬年不變的定律！

撰稿人：施盈佑

中歷光緒二十年 九月

萬國公報

西歷一千八百九十四年 十月

14709

14701

海底世界彩繪 廁所變景點

【記者陳文星／北斗報導】彰化縣北斗鎮螺青國小以繽紛校園打響名聲，校長林旻賜發揮創意，將廁所斑駁牆面，彩繪成生動的海底世界，成為生態教學最佳場所，帶動小朋友的學習動機。

學校邀請彩繪師傅張嵩豪彩繪大象溜滑梯後，再度完成廁所彩繪，小二學生曾楷傑昨天說，他認識到許多魚類、珊瑚、海龜，海底世界彩繪牆讓人心曠神怡；小二學生陳泰允、吳若歆異口同聲：「感覺像在海底游泳一樣，好舒服喔」。

曾楷傑說，海底世界彩繪牆讓他想要更深入認識海洋生態，他還到圖書館借閱許多海洋生態書籍，認識到海底世界更多奧秘。

輔導主任林惠芬說，小朋友到廁所都是來去匆匆，彩繪牆之後成了校園新景點，也納入課程，她帶小朋友欣賞彩繪，圖書館閱覽相關書籍，「走動情境學習模式」小朋友學習的力顯著提升，且能觸類旁通。

林旻賜說，優美校園環境讓的社區居民、師生懂得珍惜，麗校園是防止髒亂最好的方式

他說，廁所彩繪牆的靈感是兒子到台中中友百貨時總要拍「可樂廁所」才願意上廁所，奇進去看覺的很有趣，在校園炮製，效果極佳是意外收穫。

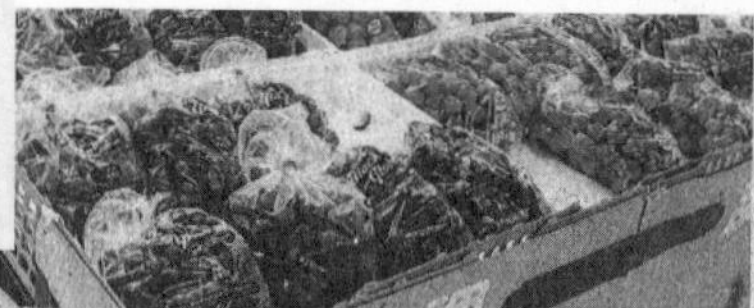

雞尾酒效應：愛買經緊急下架巨峰葡萄後，架上剩下美國進口葡萄供民眾選購。

（郭吉銓攝）

表：湯雅雯　資料來源：綠色和平　單位：(ppm)

超恐怖！雞尾酒效應

吃1顆葡萄 吞進13種農藥

林口長庚臨床毒物科主任顏宗

湯雅雯、徐亦橋／台北報導

國際環保組織綠色和平針對國內八大量販超市通路進行農藥檢測，共採驗65件蔬果送檢，近7成檢出農藥殘留，其中8件超標、1件不得檢出，不合格率達12%，最誇張的驗出茄子超標13倍、青椒超標8倍。綠色和平呼籲超市信守承諾，具體落實農藥減量，並禁用劇毒農藥。

綠色和平專案主任羅可容表示，此次抽檢結果令人遺憾、失望，除全聯福利中心外，五大量販超市及Costo全驗出劇毒農藥，甚至連全家便利商店標榜專門販售「無毒栽……留。羅可容說，此次超市蔬果……愛買網購的芹菜、花蓮愛買的……的柳丁、家樂福的青椒、大潤……「待克利」超標7倍，大潤發……「邁克尼」超標13倍。

農藥雞尾酒排行榜

超市	蔬果
愛買(網購)	巨峰葡萄
頂好	油菜
大潤發	青江菜
愛買(網購)	芹菜
愛買(網購)	檸檬
頂好	小白菜
愛買	茼蒿
全聯	小白菜
松青	青江菜
大潤發	茄子

常見名字

女性
淑芬
淑惠
美玲
雅婷
美惠
麗華
淑娟
淑貞
怡君
淑華

■聯合報

臺灣日日新報 （金曜日） 第一万三千九百十一號

【熊本八日發同盟至急報】熊本遞信局午前十時二十七分着那覇無電よりの報告に依れば内台航空路上り便富士號は午前九時四十分久米島、那覇間にてＳＯＳを發し不時着せり、目下手配中

乘客と乘務員氏名

八時十五分に機關故障

遞信部航空課からの發表

筑波號現場

揚子江上輸送動脈

擬裝砲陣地から 船團後方に盲射た 憎くや江岸一帶

靖國神社 記念の 戰歿者

新舊聞

生活風格

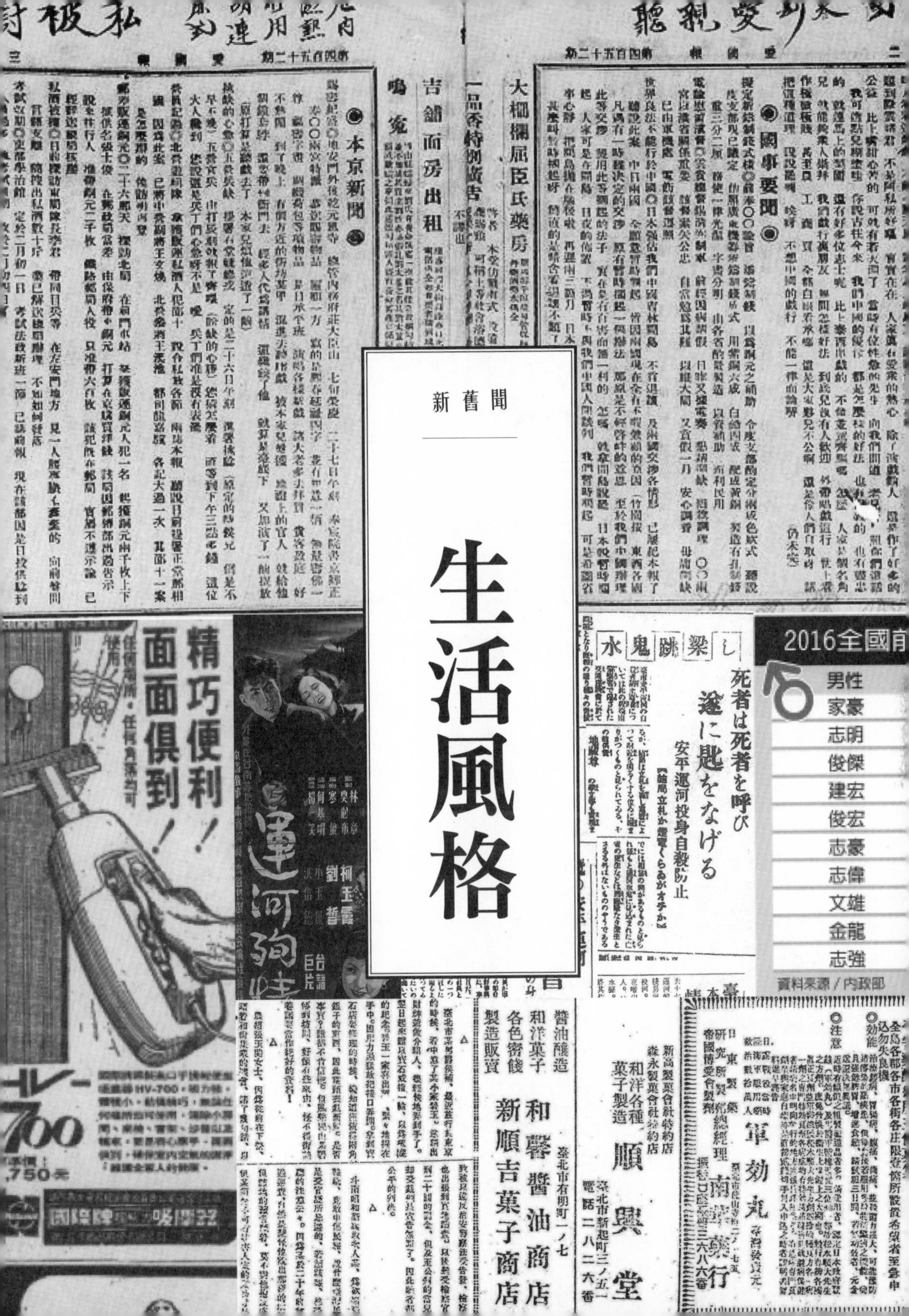

本京新聞
國事要聞
大柵欄屈臣氏藥房
一品香特別廣告
吉舖面房出租
精巧便利！
面面俱到！
運河殉情
死者は死者を呼び
遂に匙をなげる
安平運河投身自殺防止
2016全國前
男性
家豪
志明
俊傑
建宏
俊宏
志豪
志偉
文雄
金龍
志強
資料來源／內政部
醬油釀造
和洋菓子
各色餅餌
製造販賣
和馨醬油商店
新順吉菓子商店
臺北市有明町一ノ七
順興堂
軍効丸

| 生活風格 |

是美食，但你吃不下去

追隨大文豪韓愈的飲食之旅

這些長得奇形怪狀的生物食材，
讓韓愈這位曾任唐朝中央官的大爺感到非常驚恐，
我們如今習以為常的美食，
他卻是一面吃，一面冒著汗，一面不要不要地喊……

隨著來臺外國人士的增加，也逐漸讓國人瞭解外國人如何看待臺灣，這才知道有些我們習以為常的美食，竟然給外國人帶來莫大的震撼。

你的美食未必是我的美味！

外國人最恐懼的臺灣美食，基本上可以分成幾種：

一是「外觀可怕」，例如整隻青蛙直接下鍋燉煮的「四腳仔湯」，只見一碗清燉的湯頭，上面浮著張開四肢的綠白色青蛙，連我看到都直呼不行，更別說是外國人了。在此之前，大家以為外國人最怕的食物是「豬血糕」，直到二〇一五年，《蘋果日報》找了六位來自法國、美國、加拿大、瑞士等國的外籍學生參與測試，端上青蛙湯之後，這些外國人有如下反應：

> **【當代新聞】**
>
> **青蛙湯受封最噁食物**
>
> 等青蛙湯上桌，一開蓋看到無頭浮屍青蛙，瑞士辣妹Ruby（二十二歲）急忙撇頭作噁，一副快暈倒的神情驚恐說：「太可怕了，我一點都沒辦法吃！」Sophie（來自法國，三十一歲）則淡定拿起湯匙品嘗，誇讚：「好喝。」Sophie說法國也會吃青蛙腿，「但沒看過整隻青蛙上桌！」

其中也有美國學生說青蛙湯雖然看起來很可怕，但是吃起來滿美味的——真佩服他的勇氣，我可是連嘗試的勇氣都沒有。

另一項可怕的食物，則是以「味道」著稱。沒錯，臭豆腐是也！雖然很多人覺得臭豆腐聞起來是香的，尤其是炸臭豆腐，但是對許多外國人而言，這個「臭」可真難忍受，有人認為聞起來像臭襪子，有人說是像排泄物的味道，當然也有少部分外國人鼓起勇氣吃了之後大喊「歐依喜」，甚至有日本人愛上臺灣臭豆腐，每個星期都要來一客。

不管如何，不同的文化各有各自的古怪美食。越南的鴨仔蛋，就是蛋裡有著受精成形快孵化的小鴨的食物；瑞典的鯡魚罐頭，據說發酵產生的劇烈異味可飄送數十公尺外；而全世界公認最噁心的食物就是格陵蘭的醃海雀：這種食物是將一百隻身形嬌小的海雀，塞進生海豹肚子縫合起來埋進土裡發酵，幾個月後再挖出來吃海雀的肉。因為製作時海雀連毛帶喙及內臟並未加工去除，所以享用這道菜時，有許多「特殊」吃法，較普通的吃法就是去毛之後直接吃肉，進階的吃法則是將內臟挖出來塗在烤肉上當調味，最高級的吃法則是從海雀肛門處直接用嘴吸吮發酵的漿汁……。

文章大宗師竟然不懂吃？

好吧，上述的食物太古怪、太令人難以接受，還是臺灣美食好吃一些。說到臺灣美食，「海鮮」可說是臺菜料理中最自豪的招牌，快炒、清蒸，甚至是生食，皆有海鮮料理。吃海鮮，講究的就是新鮮、生猛，但是大家有沒有想過，那些國文課本裡的歷史名人，如果有機會享用臺菜料理，會有什麼感想？雖然我們無法回到過去，但總有一些史料留傳下來，總有一些人寫下了「食後感」，例如大家耳熟能詳的唐朝那位韓愈大大！是的，就是撰寫〈師說〉的昌黎韓愈，因為諫迎佛骨的事情，差點被唐憲宗判死，好在他還算做人成功，朝中竟然有一票人馬跳出來幫忙緩頰，最後皇帝認為「有教化的可能」，廢死成功，韓愈被流放至潮州。

潮州是什麼樣的地方呢？當然不是屏東縣那個冷熱冰好吃的潮州，而是位於廣東、福建交界之處的潮州，附近還有漳州、泉州，都是先民渡海來臺的原鄉。而在當時，「潮州」對於大唐帝國而言，又是什麼樣的概念呢？首先，它位在東南沿海一帶，與中原地區隔著南嶺山脈，對於位於關中地區的唐朝都城而言，根本就是化外之地，就好比現在從莫斯科看西伯利亞一樣。所以當韓愈被貶到潮州時，心中強烈的無力感可想而知。他在〈潮州刺史謝上表〉提到：

> 颶風鱷魚，患禍不測；州南近界，漲海連天；毒霧瘴氛，日夕發作。

潮州有颱風，有鱷魚，有毒霧瘴氣，禍患難測，根本就是不適人居的地獄，後文甚至說：「居蠻夷之地，與魑魅為群。」顯然他覺得潮州除了是蠻夷之地外，還要與妖魔鬼怪生活在一塊——看起來韓愈好像有一點「天龍人」心態。

既然許多臺灣人的先祖來自潮州，那麼現有的臺菜料理也應該有部分來自潮州吧？沒錯！古代對於潮州菜的特色，有「鹹雜」之

諫迎佛骨、死且不懼的韓愈竟然有不敢吃的食物？

謂，像是菜脯、冬菜、鹹蛋、鹽水白肉、醃製蝦菇、醬油蜆、醃黃瓜等，根本就是咱們現在吃清粥小菜的配料了！又如「粿品」，像是紅桃粿、筍粿、粉粿、菜頭粿、油粿、豆粿等，也都是如今臺灣料理常見的美食。當然，東南沿海一帶，「海鮮」自然是不可錯過的美食。早在晉朝張華的《博物志》就記載了一段話：

> 東南之人食水產，西北之人食陸畜。食水產者，龜、蚌、螺、蛤以為珍味，不覺其腥也。

「東南之人」即是東南沿海一帶的居民，「水產」即是「海鮮」，「龜、蚌、螺、蛤」則是海鮮常見的美味食材，而且視為「珍味」，張華特地說明「不覺其腥也」。換句話說，對於北方關中的居民而言，這些海鮮應該是相當腥臊的。

當韓愈被流放到潮州之後，自然也只能吃潮州當地的特色菜。韓愈吃了這些海鮮之後，反應跟張華一樣嗎？還是有獨特的見解呢？現在我們知道這位韓老爺特地寫了一首詩給他的好朋友——掌管音樂官職的協律郎「元十八」——詩名就叫〈初南食貽元十八協律〉，其中的「初南食」是題目中的主旨，也就是韓愈自述第一次吃到南方沿海食物的心得：

> 鱟實如惠文，骨眼相負行。
> 蠔相黏為山，百十各自生。
> 蒲魚尾如蛇，口眼不相營。
> 蛤即是蝦蟆，同實浪異名。
> 章舉馬甲柱，鬥以怪自呈。
> 其餘數十種，莫不可嘆驚。
> 我來禦魑魅，自宜味南烹，

調以鹹與酸，芼以椒與橙。
腥臊始發越，咀吞面汗騂。
惟蛇舊所識，實憚口眼獰。
開籠聽其去，鬱屈尚不平。
賣爾非我罪，不屠豈非情？
不祈靈珠報，幸無嫌怨并。
聊歌以記之，又以告同行。

韓愈的「奇怪海鮮排行榜」

這首詩提到了七樣食物，包括鱟、蠔、蒲魚、青蛙、章魚、干貝，以及蛇，除了蛇之外，都是韓愈不曾見過或吃過的。對他而言，這些長得奇形怪狀的生物，就像是火星來的一樣「莫不可嘆驚」，讓這位曾任唐朝中央官的大爺感到非常驚恐。於是，韓愈依他認為的「奇怪」順序排了名次：第一名是「鱟」。「鱟」（讀若后）是盛產於中國東

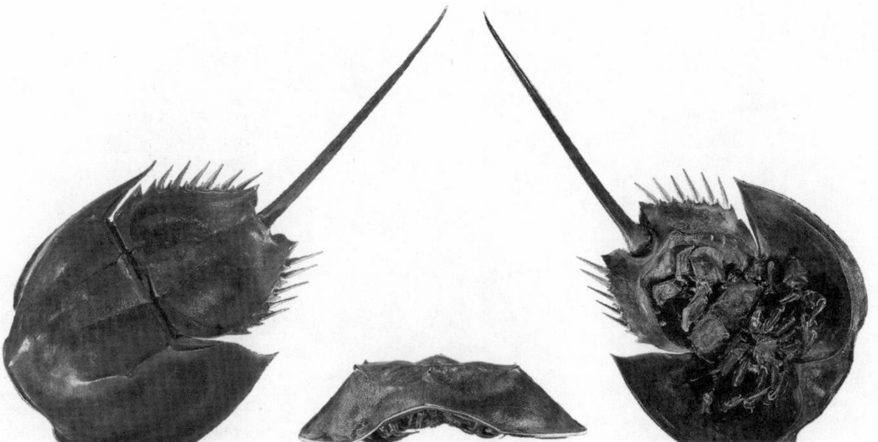

鱟是「活化石」，人類自古就將其當作食物，它們的肉、生殖腺和卵都可食用。今日金門沿海尚可看到其蹤跡。

海沿海一帶的節肢生物，金門現在還成立了鱟的保育區。它有著像炒菜鍋一樣的大甲殼，拖著一根細長如劍的尾巴，因為公、母常常併結一起行動，又稱之為「夫妻魚」，所以韓愈以「骨眼相負行」描繪之。

對韓愈而言，海鮮長相最可怕的第二名為「蠔」，也就是牡蠣。大曰蠔，小曰蚵。對臺灣而言，不論是蚵、蠔，都是美味的食物；對韓愈而言，好可怕！（可能是密集恐懼症發作。）這些蚵殼或大或小，結隊連群，成千上萬攀附於養殖用的木棍竹竿上，所以是「相黏為山」，像小山一樣多，裡面卻是「百十各自生」。

第三古怪的是「蒲魚」，即是魟魚，菱狀身形帶著像蛇一樣的尾巴，眼睛和嘴巴長在不同的面，所以說「口眼不相營」。世界上竟然有如此奇怪的生物，想必韓愈會感到大開眼界。

魟魚為常見之食用魚，但味道較腥，多以紅燒方式烹飪。魚皮可製成皮帶、皮包等用品。

第四名則是上文提到的「青蛙」，竟然和「蝦蟆」是一樣的，而且可以入菜，想必田雞上桌時，韓愈的下巴都要掉下來了。

另外還有「章舉」（章魚）、「馬甲柱」（即是干貝，其殼如馬甲，故名）等，全部呈現怪異的樣貌。光是寫到這裡，韓愈已經受不了了，所以後面數十種就不說了，反正都是一些奇形怪狀而且一輩子從來沒見過的食物。

想必大家應該能體會到韓愈的心情了吧？一個人來到異鄉，看到一輩子從未見過的古怪食物，要吃下肚還真需要極大的勇氣。雖然這些食材對臺灣人而言，大部分都是見怪不怪，甚至是珍饈佳餚，未免會嘲笑韓愈少見多怪，但是你可有想過若有一天你到東南亞，被要求吃下蟲蟲大餐時，該怎麼辦？鼓起勇氣當成打怪嗎？沒錯，韓愈就是這麼做的，「我來禦魑魅」就是他入口海鮮料理之前的心情，翻成白話就是：「我來跟這些鬼怪們打架！」只是雖說要「禦魑魅」，韓愈卻也吃得很道地，使用南方的調味烹煮，將這些水煮氽燙的章魚、生蠔、干貝等水產料理，蘸著桔醬、辣椒調味的鹹酸醬汁一起吃，各位讀者應該口水要流下來了吧？可是，韓愈吃了之後，卻是「腥臊始發越」，愈吃愈腥，愈吃愈臊，那種感覺應該如同吃了瑞典的鯡魚罐頭般，腥臊味在嘴裡久久不散去，此時也無心細細品嘗了，只能大口大口吞下去，於是「咀吞面汗騂」，一面吞著食物，一面冒著冷汗，就像汗流涔涔的馬一般。我們如今習以為常的美食，韓愈卻是一面吃，一面冒著汗，一面還不要不要地喊。

故事的結局是什麼呢？韓愈之所以會去潮州，就是他的〈諫迎佛骨表〉，歷來都被國文課本視為忠臣死諫的正義典範。可是韓愈到了潮州，被生猛海鮮折磨後，便寫了一封文情並茂的悔過書〈潮州刺史謝上表〉給皇上，一開始就直接說：

> 臣以狂妄戇愚，不識禮度，上表陳佛骨事，言涉不敬，正名定罪，萬死猶輕。

白話就是：「我是個沒見識又狂妄自大的人，不知道禮教，竟然敢上表反對迎佛骨的事，真是大逆不道，應該要定罪，而且判我死罪還只是輕判！」整封悔過書用盡各式華麗言詞，以不同形式自我數落，最後，「伏惟皇帝陛下，天地父母，哀而憐之，無任感恩戀闕慚惶懇迫之至。」韓愈還是希望皇帝法外開恩，讓他離開潮州這個海鮮太生猛的地方。

唐憲宗收到悔過書之後，大概也氣消了，十個月後便以特赦之名，將韓愈調回內陸，最後仍回到了朝廷任中央官職，甚至升官到京兆尹兼御史大夫。

至於韓愈之後會不會經常回味起讓他印象深刻的潮州菜，就只有他才知道了。

撰稿人：余風

| 生活風格 |

地球史上最高級的廁所

超出凡人想像的石崇美學

石崇的廁所還設有紗帳大床，婢女持香囊隨時侍候。
現代人喜歡在浴廁中擺放芳香精油、薰香瓶，
石崇可是帶動這個潮流的始祖。

現代人對「廁所」的設備極其要求，廁所早已不再只是大小便的地方而已。家用廁所往往還包含洗臉、刷牙、沐浴、泡澡、洗衣等功能，高級一點的還有音響、電視、護膚更衣區等設備，甚至有些家庭的廁所還附有躺椅，布置風鈴、盆栽造景。種種附加的功能與設備，讓廁所跳出只是「方便」的需求，而有了更多元的發展。

古代的廁所，就是茅坑，除了用來「方便」外，使用者應該不會想要多待一分鐘。但有一個奇葩所設計的廁所卻是例外，那就是喜歡炫富、鬥富的石崇。

什麼？讓美女在廁所前站崗

西晉石崇炫富、鬥富的行為，是深刻到骨子裡、細節處的，連廁所這樣的臭溺處都不放過。最有名的例子當屬《世說新語・汰侈》篇中所說：

> 石崇廁，常有十餘婢侍列，皆麗服藻飾。置甲煎粉、沉香汁之屬，無不畢備。又與新衣著令出，客多羞不能如廁。王大將軍往，脫故衣，著新衣，神色傲然。群婢相謂曰：「此客必能作賊。」

在石崇家的廁所裡，常駐有十多個穿著華美的曼妙女婢。另備有甲煎粉、沉香汁一類的物品，讓如廁過後的賓客能盡情使用。而如廁後，這間頂級廁所還提供新衣服讓客人更換，免得他們沾染了廁所的不好氣味。但設備太齊全、婢女太美太多，卻使許多賓客因為害羞而不好意思上廁所，或進到廁所裡上不出來、敗興而歸。但是天不怕地不怕，頗有流氓氣質的大將軍王敦，卻完全不吃這一套。他進了廁所後，如常使用了廁所，並且帶著傲然之氣，脫下舊衣，換上新衣，完全氣場強大地鎮住場面。這群美婢們雖然見過許多因害羞無法如廁、鎩羽而歸的名士，卻哪裡見過王敦這種上廁所的魄力，因此，她們斷言：「這個客人，未來必然會成為禍國殃民的奸賊。」

不得不說，這則放在〈汰侈〉篇裡，除了證明石崇家光是廁所就華麗到如此境界外，還隱藏了一件事，就是他家連在廁所站崗的婢女都見識不凡呢！

王敦日後果然叛變了，成為大奸賊，那就是歷史上知名的王敦之亂。

高級到不能再高級的廁所用品

《世說新語》這一則中還出現兩種奢侈品：甲煎粉與沉香汁。這兩個重要元素也是奠定此篇置入〈汰侈〉篇的基石。

明代李時珍在《本草綱目》裡提到：「甲煎」一物，乃「以甲香同沉麝諸藥花物治成，可作口脂及焚爇也。」在唐代孫思邈的《備急千金要方》中對甲煎口脂的作法有更詳細的說明：取沉香、甲香、丁香、麝香、檀香、蘇合香、薰陸香、零陵香、白膠香、藿香、甘松香、澤蘭各六兩，胡麻油五升，先煎油令熟，再將白膠香、藿香、甘松香、澤蘭過濾裝於瓷瓶中；餘者搗末，用蜜煉合後，另放入小瓷瓶中，並以綿帛封住瓷瓶口，用竹篾加以纏繞。之後將兩瓷瓶瓶口對接，以蜜封黏，再掘地掩埋，用牛糞或米糠燒上七到十二天（燒滿十二日更佳），待冷卻後取出，瓶身還須先以熟泥均勻塗上一寸厚之後晒乾才行。至於用途是可以敷口面，一日三次。

上文所提到的原料，如沉香、麝香、檀香

等，都是頂級金貴的香品，加上作法繁複，上好的口脂要將近半個月才能完成，實在太令人咋舌了。而這麼珍貴的東西，石崇竟是放在廁所裡讓如廁後的賓客自由使用——上完廁所後抹抹口面，甚至洗完手後塗塗雙手當護手膏用——想必賓客在如廁後，一定能夠保持口面雙手的潤澤緊緻，不只大解、小解，就連皮膚保養也一併完成，身心都解放了呀！只能說石崇這一間廁所真是五星中的五星！

甲煎之所以稱為甲煎，與其中甲香的成分有極大關係。

甲香又是什麼呢？

明末有一本專記「香事」的書《香乘》中說到：

甲香，蠡類，大者如甌，面前一邊直纏，長數寸，獱殼岨峿有刺，其掩雜香

李時珍所撰之《本草綱目》乃中國歷史上本草學集大成的著作，對後世的醫學和博物學研究影響深遠。可惜李時珍死後第三年，《本草綱目》才正式刊行，未能看到自己千辛萬苦所完成的曠世著作問世。

燒之，使益芳，獨燒則味不佳。一名流螺。……今各香多用，謂能發香，復聚香煙，須酒蜜煮制，去腥及涎，方可用。

甲香大約是一種螺類（蠑螺），將牠的厴片（即螺類介殼口的圓形口蓋）磨成粉後，可以混和沉、檀、龍、麝等諸多香料，用以聚香、調和香道、讓香氣積久不散。因為在薰香過程中，煙氣是聚是散，關係著香力能否持久。

北宋寇宗奭的《本草衍義》中「甲香」一條也云：

善能管香煙，與沉、檀、龍、麝用之，甚佳。

不過這一味大概不好單獨使用，因為源自海

麝科動物成熟雄體臍部香囊中的分泌物，香味甚烈，乾燥後可製成香料，稱之麝香。亦作藥用，可開竅醒神、活血止痛。

洋生物，帶著腥味，清人張璐在《本經逢原》就說到：

> （甲香）能斂香氣，經月不散，獨燒則臭。

正因為單獨燒起來氣味不好，所以使用甲香必須要先經過「治」的過程，但治後的甲香也大多不會單獨使用，獨用則氣味不出色，必須與其它香料摻雜才能夠發香，燃點時煙氣才不易消散，亦能增益芳香。

治甲香使其成為香藥，需要經過繁複的程序：煉製甲香，須以蜜酒煮過、焙乾，如此重複數次，期間再多次經過酒、灰炭水煮、火炮、炙炒等，方能使用。

甲煎粉中光一味甲香，其治香方式就已經如此複雜了，更何況整個甲煎的製作？

甲香一味，在現代或許不是非常昂貴。但要取得頂級甲香必須到嶺南一帶，而頂級甲香只取海螺口厴，好不容易收集到足夠的海螺口厴後，再經過遙遠的路途跋涉，繁複的手工製作，才能運送到洛陽的石崇家裡。在古代交通並不便利的狀況下，可以推估這一路的採集成本、運輸成本、人工成本、時間成本，真是所費不貲。

《世說新語》中提到的是甲煎「粉」，李時珍也提到此物「可作口脂及焚爇」（爇，讀若弱，焚燒之意），可以推測此物不只是當口脂使用，應該也帶著香粉的薰香用途。若甲煎粉有薰香效果，甲香又有良好的聚香作用，我們完全可以想像在石崇的廁所裡，使用者不只可以完成皮膚保養，還附帶享受香氛裊裊，上廁所成了身心放鬆的舒暢之事，與傳統茅坑完全不可同日而語啊！

根據《語林》中的記載，石崇的廁所還設有紗帳大床，婢女持香囊隨時侍候。不得不說，現代人喜歡在浴廁中擺放芳香精油、薰香瓶，石崇可是帶動這個潮流的始祖。

現代廁所不只可以如廁，還可閱讀、泡澡、護膚、看電視、聽音樂，甚至做SPA，我們將廁所布置得美輪美奐，香氛誘人，如廁不再是痛苦的憋忍，甚至成為了享受。石崇也一樣，可以說他其實是把魏晉時期的廁所美學帶到了非常具有設計感、舒適感的高度。

炫富只是基本，鬥富才有本事

除了甲煎粉，石崇廁所中還有「沉香汁」這個東西。

不論古今，沉香都是身分地位的代表，是香界中四大珍品（沉、檀、龍、麝）之一，甚至被列為眾香之首。金、元時期名醫李杲就說沉香「能養諸氣，上而至天，下而至泉。用為使，最相宜」，認為沉香能養氣。其他歷代名醫也咸認為沉香具備補五臟、去邪氣、調氣補陽等功效。可見沉香在藥用上，也是非常難得的上品藥。

但沉香的形成通常需數十年的時間，樹脂含量高者更需要數百年。自古以來，沉香的供給，遠遠趕不上需求，所以它的價格金貴，並非一般庶民百姓可以使用。換言之，沉香所代表的文化，一直與上流社會相連結。它在中國古代權貴、富豪、文人、居士所組成的階層中，被賦予獨特的神祕感和尊貴氣息，在中國香文化的歷史上，展現優雅和高貴的面貌。

石崇廁所使用的沉香「汁」，是沉香的產物沒錯，但它又是如何從沉香上取得的呢？是沉香水煎後所得的湯汁，還是用其他方式所萃取出的產品呢？目前已經不可考了。

但從中藥湯劑中，有幾味湯劑是「入沉香

汁服用」這一點來看，或許沉香汁的萃取方式，可以從中藥領域來推測。

中藥湯劑有一味「四磨湯」，它的作法便是將人參、檳榔、沉香、烏藥四味藥磨汁沖服。主治情志不遂，慢性膽囊炎、慢性胃炎、氣逆喘息、胸膈不舒、煩悶不食。用四磨湯的製作方式來推測，「沉香汁」有可能是將沉香磨汁後所得的產品。

不管是香品或藥品，沉香都是價格不菲的物品，使用量不可能大。以香道文化來說，空薰法所使用的沉香，常常只是一丁點大小的沉香屑。沉香汁若是經過石磨水磨而成，可以預期所耗費的沉香分量將十分驚人。但耗費這麼大量的沉香，石崇並不是拿來當成救命藥物使用，而只是放在廁所中，讓如廁後的賓客可以隨手噴灑，當作香水使用——甚至可能只是充作空氣芳香劑。從這一點我們就更可以知道石崇的豪奢程度。

從前面所提到的甲煎粉，可以知道石崇的廁所必然是充滿香氛；由後面所提到的沉香汁，更知道石崇對於香氛的要求不僅僅只是香而已，還必須是高雅、尊貴的香。從此看來，石崇對香氛的追求，可說是非常高標準、品味卓絕。

讓我們來想像一下：若要讓家裡的廁所高雅大方，就不應該放置化學填充物的香精罐，它的香味太低俗、不夠格。安裝空氣清新機之餘，你應該要準備高級擴香儀，擴香儀裡面也不能隨便點夜市買來的便宜化學香精，必然要使用精純、有機萃取、稀有珍貴的精油，這樣才能顯現出你的品味與浴廁的高尚。

此外，廁所裡外應再安排幾個有見識的女傭，負責播放舒適的音樂、準備乾淨高雅的擦手巾或是潔淨的衣服，讓賓客隨時可以更換酒酣耳熱後散發出難聞氣味的舊衫，當然還不能少了頂級的護膚乳液跟衣物芳香劑。若能如此，石崇去你家借廁所，他就有可能會稍稍地舒緩他的眉毛，認為你的品味也不差了。

但下一步，石崇回家後，必定也會在他家的廁所裡，擺上比你家的擴香儀和精油更高級的品項，因為他喜歡「鬥富」。你的品味好，他就準備要「鬥」一「鬥」你了！被石崇看上是鬥富的對象，是該感到光榮，還是覺得無聊呢？那就見仁見智啦！

從石崇的廁所裡，完全可以看到他的炫富是炫到細節處、炫到生活瑣碎處，與當代某些暴發戶純粹只是撒鈔票的炫富行為相比，我想石崇的炫富還是比較有深度的。

撰稿人：周翊雯

南投竹山紫南宮為臺灣三大土地公廟之一，以「借發財金」聞名遐邇，其獨特造型廁所亦為一大特色，號稱五星級，裡面甚至還設有水舞噴泉，遊客到此爭相合影，可以說是廁所界的明星。

抓寶抓到墓仔埔

爆料唐朝詩人李賀的怪癖

李賀對於「死」的感觸，比起正常人更為深刻。
他喜歡使用「鬼」、「泣」、「哀」等字詞，
許多詩歌根本就是「夜遊墓仔埔」的實況記載，
因此被封為「詩鬼」。

大家還記得「寶可夢」（Pokémon GO）這款線上手機遊戲嗎？上市到現在才一年，幾乎退燒了。想當初甫一上市，風靡全球，萬人空巷，幾乎大家都去抓寶。甚至在二〇一六年九月九日的新聞裡，有如下的記載：

【當代新聞】

全民瘋抓寶

手遊「Pokémon GO」（精靈寶可夢）超火紅，從北投公園、南寮漁港及旗津漁港可以看出，不過，這些都只能算小case，有玩家為了抓寶，竟然在深夜大膽闖禁地，實在是勇氣可嘉！

無論三更也半暝，墓仔埔也敢去

當然，寶可夢推出的立意之一，就是要讓大家走出戶外，尤其是假日整天宅在家的宅男宅女。現代人飽食終日，無所事事，生活不是看電視、電腦，就是玩手機，全被大大小小的LCD螢幕給制約了。所以寶可夢透過戶外抓寶的機制，不但要你走出室外，還得到不同的地方抓不同的寶，連帶促進了客運、計程車和加油站的商機。全家大小、親朋好友，大家紛紛相約到戶外去抓寶，所以包括臺灣、日本等幾個對於「抓寶」比較熱衷（瘋狂）的國家，只要是抓寶聖地，不管是公園、學校、還是馬路旁，往往聚集無數抓寶民眾，人手一機，隨著寶物出現的位置成群移動，壯觀程度直逼Discovery的動物遷徙。妙的是，神奇寶貝偶爾也會跑到公墓裡，大批的信仰者也就跟著一路跑進生人勿近、清明方聚的墓仔埔裡去，一停留還是好幾十分鐘。

對這種前所未聞的現象，有人說誇張，有人表示新奇，有人在社論撰文預言臺灣即將要沉淪。寶可夢這股魔力，竟然令許多人「墓仔埔也敢去」。其實，對於墓園的觀感，世界各國大不同：日本京都的墓園散落在城市各角落，甚至就在商業鬧區裡，遊客在京都街道遊逛時，可能已在不知不覺中「經過」了許多墓地；歐、美地區的墓園通常擁有漂亮的大草坪，一旁就是人們每週前往禮拜的教堂，與生人的世界基本上沒有太多阻隔；泰國的墓園甚至可以變成觀光景點，且設有觀光火車供遊客往返；華人的墓園則多位居「風水寶地」，通常視野良好，但卻遠離生人的世界，彼此井水不犯河水，平常在墓園活動多半是稱為「土公仔」的殯葬人員，以及少數盜墓者，正常人大概不會特地到墓園參觀，也不會到亂葬崗遊覽。

在香港，許多玩家為抓寶常不顧周圍環境，造成擁擠喧鬧，影響交通，危害安全，許多公共場所只好加強提醒、勸導。

外出取材，墓仔埔是個好地方？

雖然華人文化圈對於墓地的觀感是「戒慎恐懼」、「生人勿近」，但是晚唐詩人李賀

傳說李賀臨終時，曾出現一紅衣人，駕著赤龍，曰：「帝成白玉樓，立召君為記。」說完消失後，李賀隨之氣絕。

｜生活風格｜

歐、美地區的墓園通常擁有漂亮的大草坪，一旁就是人們每週前往禮拜的教堂。

卻常在晚上跑到墓仔埔裡。李賀何許人也？他老爸叫「李晉肅」，對李賀的影響非常大，倒不是因為教子嚴格，而是李賀在通過一關關科舉考試，好不容易來到京城準備考進士時，竟因「進士」與「晉肅」聲音相近（唐朝人也懂臺灣國語？），有犯諱之嫌，照例必須避諱，所以很抱歉，可憐的李賀連申請准考證的資格都沒有。這件事連韓愈都替李賀抱屈，因而寫了一篇著名的社論——〈諱辯〉，當中提到：「如果老爸名字有個『仁』字，兒子豈不連當人的資格都沒有？」如果唐代可以「推文」，底下應該會有很多網友推文表示：「什麼鬼法律啊？」「恐龍主考官！」「真希望我爸名字有個『書』字，那我就永遠不用讀書囉！」「樓上標準廢材。」

李賀的一生，打擊很多，可謂人生失敗組裡的魯蛇。除了考進士被阻擋之外，由於他長得又白又帥，又富有文采，又有點臭屁，引起許多人眼紅，所以朋友不多；再加上從小體弱多病，年紀輕輕就時常「咽咽學楚吟，病骨傷幽素」，二十七歲時就 R.I.P.。所以李賀對於「死」的感觸，比起正常人更

為深刻。他在作品裡，喜歡使用「鬼」、「泣」、「哀」等字詞，許多詩歌根本就是「夜遊墓仔埔」的實況記載，因此被封為「詩鬼」。例如這首〈南山田中行〉：

秋野明，秋風白，塘水漻漻蟲嘖嘖。
雲根苔蘚山上石，冷紅泣露嬌啼色。
荒畦九月稻叉牙，蟄螢低飛隴徑斜。
石脈水流泉滴沙，鬼燈如漆點松花。

「南山」即是「終南山」，唐代的隱士喜歡跑到終南山隱居（或「假裝」隱居），皇帝死後也多葬於終南山，所以當李賀身處「南山」的「田中」時，不由分說，他又跑去墓仔埔了。時序入秋，天色昏暗，四周惟有灌溉水塘的流水聲，以及蟲子的嘖嘖聲，伴隨著冷涼秋風時時吹來，青苔石上只見冷紅小花掛著露水，好似泣血一般。收割之後的稻田，幾隻螢火蟲亂飛，「鬼燈」（鬼火）一盞盞如花點亮在墓野之中。換句話說，李賀跑到墓仔埔裡，目的也是抓寶，只是他抓的不是寶可夢，不是神奇寶貝，而是鬼火。

這首〈南山田中行〉講得還有些曖昧，另一首詩〈感諷，五首之三〉，就更為直白地帶領讀者進入墓仔埔的世界：

南山何其悲，鬼雨灑空草。
長安夜半秋，風前幾人老。
低迷黃昏徑，嫋嫋青櫟道。

李賀畫像。

月午樹無影，一山惟白曉。
漆炬迎新人，幽壙螢擾擾。

詩裡一開始的「鬼雨灑空草」，就讓人不寒而慄，夜遊地點又是「南山」，然後遇到不甘心的「新鬼」，哭著進入墳墓裡的居所，因此鬼淚如雨，灑落在悲涼的荒草上。對於長安城而言，白天是活人的世界，然而活人也終將一死，成為秋涼夜半的鬼魂。而李賀夜遊墓地，從黃昏開始就循著兩側植有青櫟的小徑前往，一待就是大半個晚上，直到「月正當中」半夜十二點「月午」之時，此時墓仔埔的鬼火遍布山頭。看到這一幕的李賀大哥，發揮了想像力，認為阿飄們正在迎接「新鬼」，所以鬼火大肆出動，造成幽壙的墓穴「螢擾擾」的景象，大概正在舉辦「新鬼報到」的歡迎party吧。

「鬼」是什麼？讓甲骨文告訴你

談了這麼多鬼，到底什麼是「鬼」？閱讀文章的你我，應該也從來不曾當過鬼。然而三千多年前，生活在殷商王朝的人類已開始書寫「鬼」字。現存甲骨文可以看到許多的「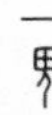」，下半身象側面站立的人，上半部的鬼頭象是「田」字，但卻不是「田」字。鬼頭人身的家族，還有一個「」，就是「異」字，也寫作「」，《甲骨文詞譜》說明「」表示人頂著物品於頭上，並舉起雙手小心護著頭頂所載的物品。此外還有「」，上面是鬼頭，下面是正面站立的人形「大」。因此鬼字「」的鬼頭，勢必是戴著令人不安的面具，或是裝扮嚇人的形貌。

就字形結構而言，除了站著的鬼，也有坐著的鬼，寫作「」，下半身為「卩」就是跪姿的人形（秦、漢以前的「坐」就是

跪姿）。如果坐（跪）時，雙手交叉置於膝上，寫作「□」，就是「女」字——有男鬼的「□」，當然也有女鬼的「□」。有些鬼會伸出一隻手，例如「□」；有些鬼拿著棒子，例如「□」；也有一些可憐鬼被亂棒敲打，例如「□」；還有不折不扣的酒鬼——「□」字，就是今天的「醜」。

進一步解讀甲骨文，可以發現當時的人們夢到鬼的時候，常嚇得不知所措，只好占卜求救。在小屯村花園莊東地出土的甲骨就記載著一件事：

丙申夕卜：子又鬼夢，福告于妣庚？

大意是說，在丙申日的傍晚來占卜，阿子又夢見了鬼，因此以福祭的方式向祖先妣庚禱告。「阿子」是殷王朝的皇室貴族，「鬼夢」就是「夢鬼」。我想，要是睡覺的時候

【甲骨文】

殷商君王在處理大小事務之前，會命巫師在龜甲或獸骨上鑽洞燒灼，經由裂痕進行占卜，祈問鬼神。而在龜甲獸骨上契刻的文字，即為甲骨文，又稱契文、甲骨卜辭、或龜甲獸骨文，主要內容即為占卜記事。

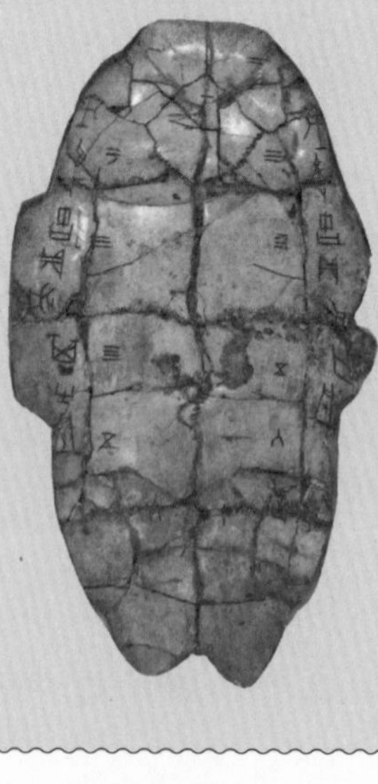

「夢鬼」，就算是現代人也會覺得不對勁，用今日的語言，就是作惡夢。所以殷商時期的王公貴族遇到了「鬼夢」，通常會緊張得急忙占卜問吉凶，並求祐於祖先。

還有另一條卜辭記載：

庚辰卜，貞：多鬼夢，不至禍？

意思是說，在庚辰日這天占卜，請示神明：夢了多鬼是否招來災禍呢？「夢鬼」已經很令人緊張了，偏偏又遇上pro等級的「多鬼夢」，當時占卜的主人，恐是寢食難安。

現代人怕鬼，古代人也怕鬼，就算是夜遊墓仔埔抓寶的李賀，其實也怕鬼。東漢許慎寫《說文解字》時，將「鬼」字定義為「人所歸為鬼」。生不帶來，死不帶去，不管是窮人、富人、好人、壞人，最後終將歸為一途。死後的世界是未知數，我們對它既尊敬又害怕，也有著更多的好奇。翻轉教室第一把交椅孔子大師，曾被學生子路問說：「什麼是鬼？」孔子不太高興地回答：「人事都無法掌握了，還管什麼鬼！」沒想到子路繼續追問：「那死後的世界呢？」覺得被打敗了的孔子，丟下一句話：「未知生，焉知死？」活人的世界都搞不清楚了，死後的世界更不用說。孔子當然知道神鬼的祭祀禮儀，但他認為特意去考察人、鬼之別，根本是毫無意義，眼前當下的人事更為重要。

畢竟，這個世界上會害人的九十九．九九五％都是人類。至於剩下來的〇．〇〇五％，我不方便說，寶傑可能知道。

撰稿人：余風

| 生活風格 |

雅婷、冠宇請出列
發掘菜市仔名中的文字學

為什麼臺灣的名字會出現一窩瘋的菜市仔名？
一來是大部分的姓名都出自於算命師之手，
二來則是沒錢算命的人往往跟風使用流行、有名且好聽、好記的名字。

全國姓名統計
全國常見名字前三大
家豪 淑芬
志明 淑惠
俊傑 美玲
新世代常見名字前三大
承恩 詠晴
承翰 子晴
品睿 品妍
特殊人名，姓名共11字：
黃宏成台灣阿成世界偉人

五月天〈志明與春嬌〉的歌裡寫著：「志明真正不知要按怎，為什麼，愛人不願閣再相偎；春嬌已經早就無在聽，講這多，其實攏總攏無卡抓。」從名字上來看，不必多想，「志明」一定是男主角，「春嬌」肯定是女主角。在取名字的時候，男生、女生該用什麼字，似乎有一套遊戲規則，乃至於上個世代所謂「菜市仔名」大為流行，挑來選去好像都是那幾個字，於是乎「雅婷」、「怡君」、「冠宇」、「冠廷」分別成為大學指考榜單中女、男生常見姓名的前二名，其中「雅婷」更以十一連霸之姿，穩坐龍頭。別的不說，光是我一生中所認識的「雅婷」，還真的不計其數。

菜市仔名統計，誰是第一名？

以二〇一二年大學指考的姓名統計，「雅婷」計有一百零四人，後來居上的「雅筑」打敗了「怡君」，計有九十四人，名叫「怡君」的有七十五人，第四名以後分別為「佳穎」、「宜庭」、「郁婷」、「詩涵」、「家瑜」、「鈺婷」、「佳蓉」。

男生姓名的部分，則由「冠宇」拿下寶座，計有八十六人，第二名的「冠廷」也不遑多讓，有八十五人，其後則是「宗翰」、「彥廷」、「家豪」、「柏翰」、「承翰」、「宇軒」、「家瑋」、「冠霖」。這場「菜市仔名之戰」，一直到《個人資料保護法》（簡稱《個資法》）實施，大學指考不再讓民眾直接查榜後才落幕。

雖然後來的大學指考不再公布考生姓名，不過咱的政府每過一段時間，仍然會針對國人的姓名來個大統計，二〇一六年內政部戶政司公布了「全國前三大名字」，男生為「家豪」、「志明」及「俊傑」，女生為「淑芬」、「淑惠」及「美玲」。而新世代常見名字，經過近三年的統計，男生則以「承恩」、「承翰」、「品睿」為首，女生則以「詠晴」、「子晴」、「品妍」為前三名。

為什麼臺灣的名字會出現一窩瘋的菜市仔名？究其原因，一來是大部分的姓名都出自於算命師之手，二來則是沒錢算命的人往往跟風使用流行、有名且好聽、好記的名字。為了讓名字帶著吉相，又要合乎陰陽五行八字，挪來挪去就那幾個字，也是最保險的字，因此便造就了今日一籮筐的菜市仔名。但是話說回來，這些名字本身的意義究竟為何，各位書本前的讀者，你是否曾經查字典找過自己名字的本義呢？

男性菜市仔名大解析

先從男生來談。不管是新世代、舊時代，

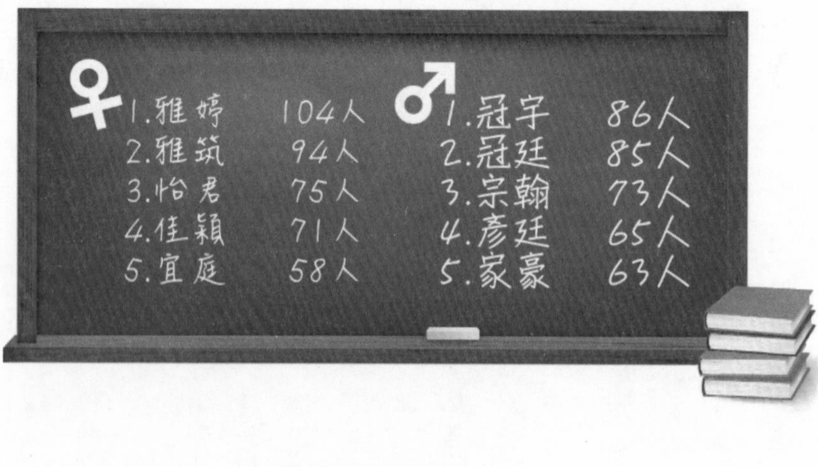

大學榜單上的菜市仔名排行榜。

不外乎就幾個字：冠、翰、睿、俊、傑、家、豪、志、明、廷等。有的必須兩字組合才有意義，有些兩字拆開個別觀察也有意涵。礙於篇幅，我們無法把所有姓名完全解析，僅能針對若干菜市仔名的案例。

志明：

志，《說文解字》：「意也。」就是意志、心意之意。現代漢字的「志」，上面是「士」，下面是「心」；但是古文字的「志」，上半部是「之」，如小篆「」，而「之」的甲骨文字形為「」，上面是腳掌，表示走路之意，下面一條線是停止線，合起來就是「走路步行的終點」，有「往」、「至」、「到」之意。如果配合「志」字古文字形的「之＋心」，則是「心之所往」、「心之所至」，也就是心中的願望和目標。

至於「明」字，比較簡單，甲骨文寫作「」，太陽加月亮，就是超級無敵之非常明亮。雖然小篆「明」字寫作「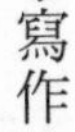」，左邊的太陽變成「囧」，但此「囧」絕對不是網路用語「囧了」的意思，古文字「囧」是指有雕花的窗框。月光從窗框照進來，同樣表達了明亮之意。

所以，什麼是「志明」呢？從上面的解釋合起來看，就是「心中嚮往著光明」，多麼陽光、正氣、正派的名字。如果你就是志明的話，請一定要抬頭看著陽光，想著那未完成的夢想，努力實踐，不要被現實的困境給打倒了。

冠宇：

「冠」、「宇」二個字是男生名字最常見的字了，其中「冠」字幾乎都放在名字前頭，像是「冠豪」、「冠希」、「冠任」。

「冠」字大家自然而然會聯想到「冠軍」，冠軍等於第一名，所以好棒棒。其實「冠」字在古代有二義，唸為注音一聲的話，指的是帽子，因為帽子戴在頭上，所以引申為覆蓋、超越的意義，因為有超越，所以很優秀，便是「冠軍」的概念。

「宇」字的本義，在《說文解字》裡解釋為「屋邊」，就是「屋簷」，引申為房屋。因為人類居住的土地，上由天所覆蓋（古人的地理觀），所以天空之上稱為「宇宙」。合就「冠宇」二字來看，就是非常優秀的意思，有多優秀呢？不只是全臺灣、全世界，而是宇宙第一名！

冠霖：

「霖」字的意義比較特別，這個字上為「雨」，下為「林」，《說文解字》云：「雨三日已往。」意指大雨下了超過三天的樹林。俗諺有「久旱逢甘霖」之語，「甘」是美好，字形如口中含著糖果，「甘霖」即為美好的雨天，這是「霖」在古文獻裡比較美好的意思。換句話說，大雨三日的「霖」，並不是令人鬱悶的雨天，而是在連日乾旱之後而來的甜美雨水，我想經常在炎炎夏日下受折磨的臺灣人應該很能體會「甘霖」的美好。「冠」字在上文已說明為「第一名」之意。所以「冠霖」二字無法合起來解讀，只能分開來看，既是「第一名」，又是美好的「甘霖」。如果二字硬要合起來的話，可解讀為「第一名的美好」。

彥廷、冠廷：

關於「廷」字輩的名字，男生和女生都有，只是女生多用「庭」字。就字義而言，「廷」即為古代朝廷之意，《說文解字》云：「朝中也。」如果「廷」字加上

「彥」、「冠」等字，又會變成什麼意思呢？「冠」字在上文曾提到，原義指帽子，引申為第一等、冠軍，父母都希望自己的兒子出人頭地，所以出現很多「冠」字輩的名字，「冠廷」就變成朝廷裡面第一等人，也就是最厲害的官員。不論古代或現代，非有一定能力者難以在中央機關做事；能當上第一等人，那更是不簡單——雖然現在的官員多半都被罵，在新聞裡面酸民罵，在接受質詢時民代罵。

至於「彥」字在男生的名字裡也很常見。這個字的古義相當美好，《說文解字》云：「美士有文。」「文」即「彣」，指的是有才學、有能力，兼具高富帥的男子。比起能力第一等的「冠」，我比較喜歡「美士有文」的「彥」。第一名總是孤獨的，《易經》告訴了我們「亢龍有悔」的道理；相對的，有文采的美士，好像更受人歡迎。但不管如何，「彥」、「冠」加上「廷」字，都透露出父母望子成龍的心願。

宗翰：

男生的姓名裡，「翰」字很常見，但是「翰」的本義為何呢？翻開《說文解字》，它告訴我們「翰」是「天雞赤羽」，紅色羽毛的天雞？怎麼和大家認為很厲害的「翰林大學士」不一樣？可別小看紅色羽毛的天雞，如果獲得紅羽天雞「翰毛」所製的筆，保證你寫作功力大增十甲子。文章寫得好，官運又亨通，連皇帝都欣賞，所以「翰」字後來又引申為毛筆，又引申為文詞、文章、文采、文才等義。基本上，名字裡帶翰字的，都有對文書工作——也就是老一輩或父母常說的「坐辦公室」的白領階級——的期望。

至於「翰」字加上「宗」，比較難以合二字解釋。「宗」為祖廟之意，因此有「正宗」、「正統」的概念，所以「宗翰」這個名字必須拆開來看，「宗」是正統、正宗，「翰」是文采。書前的宗翰們，你們的文采如何呢？

承恩：

「承恩」是近幾年新世代姓名的第一名，或許過了十多年之後，會有一票承恩新生進到大學報到。其實，「承恩」這詞彙在歷史上常常出現，有名的臺北北門正式名稱即為「承恩門」。「承恩」一詞，在《教育部國語辭典》解釋為「承受君主的恩德」，引申為「承受長輩、長官的恩德」。古代也有人的名字為承恩，我們最熟悉的應該就是《西遊記》作者吳承恩了。就詞義而言，承受君長恩德，似乎是舊時代提倡禮教的思維，但是在二〇一七年的現在，「承恩」卻大為流行，可說是新潮的復古風。或許，從名字裡面，父母是期盼自己的小孩能飲水思源，勿忘父母養育之恩，也勿忘貴人提拔之恩。

俊傑：

「俊」、「傑」二字是男生名字極常見的字，二字可以拆開來與其他字組合，像是「俊德」、「俊男」、「俊賢」、「英俊」、「英傑」、「傑瑞」等。《說文解字》將「俊」字解釋為「才千人也」，「才」就是才能、才智。才能超過千人，即為現在成語中的「才智出眾」。才能厲害的人，就是帥，所以又引申為容貌俊美的男子，也就是現在常用的「英俊」一詞。所以名字帶有「俊」的，就古義而言，反而取的是「才智出眾」之意，套用在其他的名字組合上，都能得到很厲害的結果。

「傑」，《說文解字》注解為「傲」，有資格驕傲的無非是才智優異之人，意義和

「俊」相似。因為姓名筆畫、八字吉凶的關係，會有人把「傑」字改為「杰」，「杰」是「傑」的異體字，兩字同義，都是指才智優異。所以「傑」、「杰」與其他名字搭配，也都能得出很好的結果。如果把最厲害的「俊」、「傑」二字相合，那我只能說，您是一位出類拔萃的強者！

女性菜市仔名大解析

看完男生了，接下來談女生。相較之下，女生名字的用字多偏向「雅」、「婷」、「家」、「佳」、「庭」、「怡」、「君」等字，早期的「淑」字輩非常多，近年來大幅減少。「雅婷」和「怡君」之爭，最後怡君落敗，「雅婷」仍居榜首，而且還有不同的寫法，如「雅亭」、「雅庭」等。至於「詩」、「涵」、「郁」、「書」、「品」字輩，雖然也常見，但限於篇幅，只能忍痛放棄分析了。

雅婷、雅筑：

你一生中認識多少位「雅婷」（或者「雅亭」）？還是妳的名字就是「雅婷」呢？趁著這難得的機會，來看看近年大學生名字數量的榜首「雅婷」究竟有什麼魔力。

就字面上來看，「雅」字在《說文解字》釋義為「楚烏」，即是楚國的烏鴉，且它的字形結構，左邊從「牙」，是表音的聲符；右邊從「隹」，金文為「」，象鳥形。所以我們就把「雅」看成楚國烏鴉就夠了嗎？這僅是文字的本形，歷來在文獻上，「雅」多假借為「正宗」之意，如「雅言」、「雅俗」，而宗廟祭典的音樂則稱為「雅樂」，「雅」字漸有高尚、脫俗，甚至是美好的意思，也就是我們常說的「文雅」。所以

「雅」字配上其他字，都會有清新不凡的感受。再說到打敗「怡君」成為第二名的「雅筑」，「筑」的本義是竹製的五弦樂器，《說文解字》：「以竹曲五弦之樂也。」既文雅，又有樂器，「雅筑」就是描繪能彈奏五弦樂器且氣質典雅的女孩子形象啊！

至於「婷」字，與「亭」字通用。甲骨文的「亭」就像是一座涼亭，字形作「」。而後假借為「娉婷」，用以形容輕巧而美貌的女子；「亭亭玉立」，又作「婷婷玉立」，皆是形容女孩子的美貌。所以「雅」、「婷」二字結合，就是形容有氣質，且容貌漂亮的美女。父母都期望女兒長大後亭亭玉立，加上「雅婷」好聽又好記，所以它也就變成菜市仔名了。

有趣的是，現代人常講「正妹」，「正」也變成了形容女生漂亮的形容詞，「哇，好正喔！」「你看，正不正？」剛好與「雅」字在早期的字義「正」連結起來——雖然用法差很多。

怡君：

曾經和「雅婷」爭取大學生姓名榜首的「怡君」，近年有退燒的趨勢。同為菜市仔名的怡君，一般還會有「宜君」、「儀君」等不同的寫法，端看哪一組筆畫與姓氏相配時最為吉利。有別於氣質正妹的「雅婷」，「怡君」則是以快樂的心情取勝。《說文解字》說：「怡，和也。」就是「和悅」、「快樂」及「舒暢」的意思，成語有「心曠神怡」、「怡然自得」。所以不只是女生會用「怡」字，偶爾也能看到「怡」字輩的男生名字。

「君」字在今日不限男女，古代則多用於男子的尊稱，從帝王、貴族、封號、父祖輩，乃至於對他人的尊稱，都可用「君」。

在名字上，「君」字也常見於男生，只是將「怡」、「君」二字組合起來，似乎就變成女生專用的名字了——其實就字面上而言，「怡君」應不限於男女，任何人都可以是個怡然和悅的君子。

詠晴、子晴：

詠晴、子晴兩位妹子，是近三年的新生代名字的前二名秀才，注意到了嗎？兩個名字都有一個「晴」字。就我長年在學校任教的觀察，女同學帶「晴」字的雖然有，但也不算多，可想而知未來名字有「晴」字的比例應該會愈來愈多。

關於「晴」字，在先秦兩漢的上古時期用例並不多，直到魏晉之後才逐漸成為常用字，指的都是沒有下雨、陽光普照的好天氣。「晴天」人人愛，所以也變成了女生名字的首選；相對地，「雨」字輩的名字，在我們這個時代也很常見。

「詠」，《說文解字》云：「歌也。」就是歌唱的意思。「詠晴」兩字結合，就是歌唱著晴天，或者說為了晴天而歌唱。雖然名字本身不像男生的「冠宇」、「俊傑」帶著強烈求勝、追求第一名的企圖，但是以現代人而言，能夠天天帶著如歌詠晴天般的快樂心情，也算是在忙碌生活中所能渴求的一點小確幸吧。

「子晴」，同樣是帶「晴」字的名字，搭配的「子」字，其實在名字中很常見，而且不論是男生、女生，都能搭配「子」字。「子」的文字本義即是小孩子，甲骨文字形為「」，也有長頭髮的「」，金文甚至有裝飾華麗的小孩「」。先秦時代，對男子、女子的尊稱亦能用「子」，當然更多時候指的是自己的子女，所以姓名若帶有「子」字，基本上多是表達孩子的意思，以

「子晴」而言，意義便偏重於「晴」字。

淑芬、淑惠：

「淑芬」、「淑惠」是目前全國女性名字最常見的前二名，和「詠晴」、「子晴」相較，有明顯的世代差異。尤其是「淑」字輩，名字數量非常多，也可以跟許多字搭配，除了淑芬、淑惠外，還有「淑芳」、「淑雅」、「淑婷」、「淑君」、「淑如」、「淑萍」等族繁不及備載。「淑」代表淑女，而淑女一詞，來自於《詩經》的「窈窕淑女，君子好逑」，用鄉民的語言翻譯，就是「漂亮的正妹，是所有男人追求的目標」，因此以「淑」字為主的名字大為盛行，歷久不衰，直到近年始略有下滑，被中性的「詠晴」、「子晴」甚至是「品妍」給超越。

「淑芬」中的「芬」，就是大家自然聯想到的「芬芳香味」的意思，所以除了「淑芬」，「淑芳」也很常見。《說文解字》說：「芬，艸初生，其香分布。」意思就是剛初生的嫩草所散發的氣味，這不是濃郁的花香，而是淡雅的清香。配合「淑」字來看，就是鄉民常說的「正妹永遠是香的」。

至於「惠」，也見於男生的名字裡，《說文解字》釋「惠」字為「仁」，即是仁民愛物的心，也就是流行語常說的「佛心來的」。所以「淑惠」就是指心地善良的淑女，不曉得各位讀者生命歷程中遇見的淑惠，是否都是人如其名呢？

撰稿人：余風

宋朝阿宅這樣追女孩

談到各朝代文學體裁的代表，漢賦、唐詩、宋詞、元曲，然後明、清之後什麼都有，大家應該耳熟能詳。其中最有趣的大概就是宋詞了！如果用現代的概念來看，「詞」其實就是宋朝的「流行歌」。今天的流行歌有百分之九十都在談愛情，同樣宋詞也是。

既然詞是流行歌，內容當然包羅萬象，也有許多非常生活化的作品，甚至可以從中窺見古代人「宅」的程度不亞於現代人。例如辛棄疾的名作〈青玉案〉：

東風夜放花千樹，更吹落、星如雨。寶馬雕車香滿路。鳳簫聲動，玉壺光轉，一夜魚龍舞。

蛾兒雪柳黃金縷，笑語盈盈暗香去。眾裡尋他千百度。驀然回首，那人卻在、燈火闌珊處。

在古時候，元宵節是每年的重頭戲，場面盛大熱鬧，就像現在的臺灣燈會一樣。這首作品即是描寫宋人跑去燈會現場遊玩的心得。男生嘛，看燈會，當然是賞花燈囉——才怪！正所謂「醉翁之意不在酒，在乎正妹而已。」即使燈會現場非常熱鬧，保時捷、馬莎拉蒂全都跑出籠了，使人目不暇給，但看燈會的阿宅，忽然間遇到了一個又白皙又苗條又漂亮的正妹，還帶著幽幽的粉紅色香氣，眼睛頓時都亮了，比那些高級車的車頭燈都亮！豈知一個不注意，竟然跟丟了這位正妹，只好在眾人之中「尋他千百度」。最後不經意回頭，才發現正妹就在那「燈火闌珊處」。

至於故事的結局，男主角有沒有行動？正妹是否名花有主？兩人是否產生了情愫，又或者醞釀什麼樣不可告人的愛恨糾纏呢？且讓我們看下去——噢不，作者沒有交代結局，欲知詳情請自行想像。想像，正是文學可愛之處，一旦離開了想像，就失去了靈動的生命力了。

辛棄疾〈青玉案〉裡的男主角，表現行為和現代多數的男生很相似，冠上「宅男」之名似乎有一點超過。但是，下面這首作品中的男主角，不但宅，而且還有點變態。

張泌〈浣溪沙〉：

晚逐香車入鳳城，東風斜揭繡簾輕，漫迴嬌眼笑盈盈。

消息未通何計是？便須佯醉且隨行，依稀聞道太狂生。

詞的主人，魯迅先生封之為「唐朝的釘梢」，主人公是不是作者本身，尚不考證。故事是這麼來的，話說這位男主角喜歡在春天的夜晚遊蕩，原因和逛燈會一樣：為了看妹子。某夜，男主角逛著逛著發現馬車裡有正妹，可是又不敢大方上前搭訕，怎麼辦呢？現代的男子漢們，當你在路上遇到喜歡的女子，敢直接去搭訕的舉手！我想人數並不多吧，其實古人也是。男主角不敢搭訕，只好偷偷摸摸當起跟蹤狂。正妹賞完花，搭乘裝飾名貴鑽石和迷人香味的豪華禮車回家，男主角一面跟著，一面還不斷從被風吹起的車簾縫隙偷看裡面的正妹，只見正妹的嬌眼笑意盈盈。這一笑可不得了，男主角小鹿亂撞的心根本衝到月球上了！但總不能一路跟下去，要是人家起疑報警上了新聞，事情就大條了。於是男主角想了一個非常爛的點子：假裝喝醉酒。然後一個沒有醉的醉鬼就歪斜著腳步，跟蹤在正妹香車的後頭，一面還科科笑。香車裡的妹子見狀，不斷罵著：「那個死阿宅，實在太誇張了！太超過了！太變態了！」沒想到這位男主角聽到之後還沾沾自喜。客倌們，這可是宋朝人幹的事！封之為宅王，一點都不為過。

詞的地位在北宋不甚高，幾乎被視為遊戲之作，像是留有不少作品的錢惟演，曾正經八百地說：「我坐在書桌前讀的是經史，躺在休閒椅上讀的是小說，上大號的時候才會讀小詞。」可見文人對詞的態度是又愛又恨。不過，詞的內容相對非常多元，沒有極限！要說是宋代臉書一點都不為過。許多文人不為人知的一面，一不小心就會在寫詞的時候「自爆」，像是黃庭堅的「奴奴睡，奴